MINERVA スタートアップ経済学 ③

経済学史

小峯 敦 著

ミネルヴァ書房

は し が き

経済学の見取り図

なぜ金持ちと貧乏人がいるのか。金儲けには何か必要なのか，儲けた先に何があるのか。経済はなぜ成長しなければならないのか，成長できるのか。仮想通貨とリアルなお金は何かが違うのか。失業や低所得は自己責任なのか，なぜ撲滅できないのか。なぜ高値の転売行為や金貸しに嫌悪感があるのか。

経済は常に素朴な問いから始まる。経済学はその難問に答えようと，様々なモデル（現実を説明するための理論）を発明してきた。ただし，その中身を全体的につかむのは，経済学者自身でも難しい。そこで，過去の偉大な経済学者はこうした難問にどう格闘したのか，という切り口で，様々な論争を適切に整理したい。いわば**経済学の見取り図**が欲しい。経済学史（経済学の歴史）という分野の出番だ。

「経済学史」という分野は，多くの経済学部で「経済学史」「経済学説史」「経済学の歴史」「経済思想」「近代経済学史」「経済の思想と歴史」等の名称で開講されている。ある大学では理論部門に配置され，別の大学では歴史部門に属することもある。かつて必修・選択必修となる場合も多かったが，近年では選択科目となり，あるいは開講されないこともある。このように，経済や経済学を取り巻く社会的状況・歴史的経緯によって，この分野・科目自体の位置づけが異なってきた。そこで，改めてこの科目を通じて，経済や経済学の変遷をじっくりと考えることにもなるだろう。

本書の対象

この教科書は，経済（学）に関心がある大学生をまず対象にしている。前提とする知識は不要だが，高校までに学習した内容との連続性も意識した。また，

必修となる経済学を理解する助けにもなるように，図解や用語集などで配慮した。さらなる読者として，ビジネスや地域社会の場にあって，経済の営みを実感している社会人にも，進路に迷っている高校生にも，ぜひ手に取って欲しい。最後に，経済学の歴史を教える教員に向けて，原典を容易に辿れる工夫も施した（訳本の章節・頁数を明示）。

　私自身が初めて手に取った教科書は，美濃口武雄先生の『経済学史』（有斐閣）であった。爾来，根岸隆，小林昇・杉原四郎，早坂忠，伊藤誠，田中敏弘，中村達也ほか，井上義朗，といった各氏の編著（出版順）をはじめ，定評ある教科書を参照してきた。

　（検定を受ける必要のない）大学における教科書は，非常に執筆が難しい。一方で，学界における標準的な見解を網羅しつつ，他方で，最新の学説や独自の主張などもある程度は織り込みたい。本論においては通説を，本書を貫く視点の部分では，多少なりとも独自性を加味したつもりだが，読者諸賢のご批判を待ちたい。

謝　辞

　本書の執筆に当たって，多くの教科書・原典を参照した。また，同業者に草稿を見ていただいた。京阪経済研究会，経済思想研究会，「戦争と平和の経済思想」研究会，「良き社会」研究会などでも，本書の草稿に触れる機会もあった。中でも，次の方々からは有益なコメントを頂戴した。ここに記して感謝したい（五十音順；敬称略）。中澤信彦（関西大学），林直樹（尾道市立大学），久松太郎（同志社大学），藤田菜々子（名古屋市立大学），村井明彦（関西大学ほか），山尾忠弘（慶應義塾大学）。また，大槻忠史氏（群馬大学ほか）には，索引作成と校正の手伝いをお願いした。

　本書の内容は，筆者の講義で取り上げた記述が多い。毎回のコメントシートなど，多くの批評を残してくれた受講生（新潟産業大学，新潟大学，一橋大学，龍谷大学，京都大学）には特に感謝したい。2019年度の「経済学史」受講生（龍谷大学）には，草稿を提示して，多くの不備を指摘してもらった。

　出版とは筆者と編集者の協働作業でもある。ミネルヴァ書房の堀川健太郎氏には，いつもに増して無理を申し上げてしまった。

最後に

　現代は，ヒト・モノ・カネ，そして情報が瞬く間に全世界に到達する時代となった。**経済**は社会現象の1つだが，量的に拡大する傾向にあり，数値で明確に測れる部分があるという独特の特徴も持っている。こうした経済の行く末はどこだろうか。

　それでは，経済学の過去・現在・未来をともに考えていこう。

　　2021年新春　　　　古から知られる地，深草にて

　　　　　　　　　　　　　　　　　　　　　　　　　筆　　者

［追記］　2刷にあたって若干の誤記を修正した。またジェヴォンズの交換理論（103頁）に不正確な説明が多かったので，山本英司氏（金沢星稜大学）の指摘を受けて，表現を直した（2022年7月）。

本書の特徴・凡例

(1) 古代から現代まで，経済学の歴史に登場するテーマ・人物をほぼ網羅しながら，15章によるコンパクトな解説を心がけた。この一冊で，経済学史の**初級から中級まで**をカバーする。

(2) なぜ経済学史を学ぶのか，どのような特徴があるのかに関して，最初と最後の章（第1章と第15章）で詳しく述べた。また経済学の現代的特徴は第14章にまとめた。ただし，この3つの章はかなり抽象的なので，教師や大学院生に向けている（学部生は自習のみで分かろうとしないこと）。

(3) 経済学者のオリジナルな言葉を大切にして，重要な主張や用語には訳書の典拠を付けた（ローマ数字の文献注として巻末へ）。また，本文を補う若干の解説も付けた（アラビア数字の説明注として各ページの下へ）。注の存在や出典の明記は，批判的思考への第一歩であり，フェイクニュースの時代に対処するためにも，大学生が学ぶべき基本的姿勢である。

(4) 各節は標準的な解説を心がけつつ，主流（正統派）と傍流（異端派）の併存・交流という視点を打ち出した。多様な理論の発展を主軸とするので，経済学者の伝記的側面や学説の社会的背景はやや脇に退く。巻末の読書案内に，本書を補完するテキストなどが示されている。

(5) 高校との接続を意識し，次のように学びやすい環境を整えた。
- 各章の冒頭に，引用例としてエピグラフ（経済学者の生の言葉）を添えた。
- 冒頭に数個のキーワードを示した。
- 最初の節と最後の節では，その章で学ぶことをまとめた。
- 本文にある重要語句は，巻末に二種類の**用語集**で解説した。1つは高校までの社会科科目の復習となる用語（◀H）であり，もう1つは経済学を学習するうえで基本となる用語（◀E）である。
- 人名を含めて，難読語にはルビを振った。
- 本文の理解を助ける図表を適切に配置した。
- 原典引用は入手しやすい訳本を原則とした。さらに，複数の訳本や原典への参照を考えて，なるべく引用箇所の節まで明示した。
- 章末には，章の復習となる問題や，発展的な課題を例示した。

(6)　特に断りがない場合，図表や本文における記号は，次のように，経済学で標準的に
　　使われる慣例に従っている。
　　・E：均衡（equilibrium），需要と供給が一致する点。
　　・P：物価（prices），取引されている財・サービスの平均的な価格。
　　・W：名目賃金（wages），貨幣額で示された賃金（→実質賃金）。
　　・M：貨幣供給量（money supply），マネーサプライ，経済に供給されている通貨の
　　　　総量。

経 済 学 史

目　次

はしがき

本書の特徴・凡例

第Ⅰ部　経済学のあけぼの

第Ⅱ部　経済学の古典的展開

第Ⅰ部

経済学のあけぼの

第 1 章

経済学史の本質と意義

——理論・政策・思想——

> 我々の分析的努力の対象に値するものとして，明確な一組
> となった首尾一貫した現象を頭の中に思い描くことが必要で
> ある。……この分析以前の認知活動を洞察力（世界観）
> vision と名付ける。
>
> シュンペーター『経済分析の歴史』
> （第1編第4章(d)／訳上巻71頁）

本章のねらい

　本書は経済学史の入門書である。まず**経済学史**とは何かに答えるために，そ
れを含む上位の概念から順次，説明しておこう。すなわち，学問→科学→社会
科学→経済学→経済学史という具合である。学問とは，ここでは体系的な知識，
まとまった知と捉えておく。この学問の中に，3つの科学がある。

Keywords：3つの科学，ジグザグの発展，通念と洞察力，三位一体，3つの再構成，
　　経済史との違い

1　学問・科学，そして経済学

自然科学と人文学

　科学の営み[1]は，手続きの厳密性——再現性や実証性——を極限まで追求する
ことである。自然科学の諸分野（物理学・化学・生命科学・地学・天文学など）は
そのうちで最も科学要件に厳しく，自然現象に普遍の法則を求める。その法則
は，時空の差や個人の意思に左右されない。そこではほとんどの場合，古い理
論から新しい理論へ単線的に発展すると見なされる（知識の進歩）。それゆえ新
しい理論のみが「正しい」（生き残った）知識となる。

（1）　有江（2019：191-193）は科学や学問の意味する内容の変遷を指摘している。

　それに対して，人文科学（人文学）は人間性を探求する学問である。哲学・倫理学・宗教学・美学・言語学など，人間の感覚・感情・感動をいかに普遍的に説明するかという問題意識がある。いずれも近代化[H]を迎えて，神（学）からの影響を脱した結果，人間の五感から限りなく遠ざかる場合（自然科学）と，限りなく密着する場合（人文学）とに分裂した現象[（2）]が出現した。

社会と経済

　社会科学の諸分野（法学・経済学・政治学・経営学・社会学など）はその両極の中間にあるため，イメージを捕まえにくい。社会という存在が，アイデア・概念を通じてしか捉えられないからである。中でも経済学は，経済という観点から個人と社会の関係について分析する。経済の特徴は，現在のビッグデータ時[（3）][E]代が象徴するように，量的で急激な拡大縮小，質的で緩慢な変化が共に可能なため，全世界で共通した同質性と，各地域でバラバラな多様性を同時に示すことにある。価格（数値）と価値（判断）という類似しているが区別される用語に象徴されるように，経済の領域は特に，市場の内外における質と量（定性と定量）を同時に考慮することになる。

2　経済学史の必要性と意義

　経済現象の量的な処理が可能[（4）]なため，経済学は自然科学に最も模した形式化（モデル化）が発達してきた。また，近年はモデルの精緻化（せいちか）に加えて，ビッグデ

（2）　隠岐（2018：74）による。隠岐（2018：37）によれば，3つの分野は，自然科学（16〜18世紀），社会科学（18世紀末），人文学（19世紀末）の順で自己像を確立した。

（3）　3V（量 Volume・速度 Velocity・多様性 Variety）が象徴的である。

（4）　ただし，量的な処理が可能でも，自然科学の世界でも複雑系の場合は，特に法則が掴みにくい。経済問題はさらに人間の意思が混入するので，さらに統一的な理解が難しい。複雑系の場合，歴史性（どの段階も前の段階を前提として次の段階に掛け算的に影響すること）と変化（一カ所に留まらず日々進化・退歩すること）という性質のため，平均や分散が明確に予想される線型性は期待できない。松下（2019：81-82）も参照。

ータを用いた機械学習[E]，ランダム化比較試験[E]などの社会実験の実現など，経済学の内外にも著しい変化が起こっている。

　しかし同時に，経済学は（社会学や経営学よりは少し古いものの）哲学や法学に比べれば，生誕から250年ほどの「若い」学問でありながら急速な発展を遂げたため，整理すべき論点が多い。特に，経済学の初学者でも中級者でもプロでも，経済学の強みと弱みを同時に理解し，その姿を立体的に描く分野（すなわち経済学史）を常に参照できれば便利であろう。以下では，経済学史という領域が必要とされる四点を整理しておこう。

経済学史の必要性

　第一に，日本の近代化を理解し，未来の方向性を基礎付けるために，その対極にある西洋近代から教訓を得るという論点である。経済という営みは全世界的だとしても，経済学という学問が形成されたのは，近代以降の西洋社会という限定された時空である。第２章でも触れるように，確かに古代アテネや中世の中国・日本において，家政のごとく都市国家を制御する，世を治め民を救う，という考え[（5）]は発展していた。しかし，経済学が学問体系の制度（専門家・専門誌・教育課程など）として整備されたのは，スミスを生んだ西洋の近代化以降である。その意味で，近代西洋で育ったこの学問を，近代化を急激に進める明治以降の日本において理解・摂取するには，まずその「時代と思想の文脈」（坂本 2014：9），つまり**言葉の社会的文脈**を読み解くことが早道であった。ここに近代日本において，特に経済学史が需要された理由がある（井上 2004：i）[（6）]。

　ここまでは歴史的な経緯だが，西洋と東洋に挟まれた島国・日本の将来を構想するためには，明治維新（あるいはその前）からの近代化を改めて評価する必

（5）　それぞれオイコノミア[E]，**経世済民**[けいせいさいみん][E]という概念になる。

（6）　近代西洋の代表たる経済学を解明する（玉野井・早坂 1978：3），他分野との繋がりが分かる（山崎 2004：6），理論の背後に隠されている哲学や思想の痕跡を再発見し，ドグマ（独断的な教条）に陥[おちい]らないようにする（根井 2005：15），学問の見取り図を提供する（柳沢 2017：3）など，経済学史には多様な効能がある。

要があるだろう。その要素は必ずしも「経済」だけに限られないが，経済学は中でも発展・開発・成長に最も親和的であるから，経済学の歴史を紐解くことは，日本の過去・現在・未来を読み解く重要な鍵となる。

　第二に，経済学は自然科学に比して，理論の直線的な発展というよりも，螺旋的な発展（三土 1993：1），突然変異・先祖返り（高編 2002：2），あるいはジグザグ経路，がよく見られる。つまり複数の理論が並立し，ある地域と時代ではある理論が支配的になったかと思えば，次の時代には伏流水のように，突然，別の理論が地表に湧き出てくる場合もある。似たようなアイデアでも時空が異なれば，新たな知見として「再発見」される可能性も高い。その結果，公正価格，重商主義，規制と緩和，自然の制約と経済の発展など，類似した話題が数百年のレベルで，繰り返し，論争となる。

　例えば，2013年以来の日本銀行の異次元金融緩和にしても，貨幣量と物価水準を結ぶ人々の予想という古くて新しい問題の再来である。支配的な見解のみならず，歴史に埋もれたアイデアを発掘することによって，将来のより適切な理論や政策を構想するためにも，正統と異端が織りなす経済学の歴史の知見を借りる必要がある。

　第三に，一般に流布された考え（＝通念）は，長い年月を経て，単純化されたり，時に曲解されたりして，オリジナルに比べてかなり変形を受けている。新奇なアイデア（＝洞察力）を獲得するには，この通念を突き破り，原典が持つ「輝き」に触れることが便利である。経済学に限らず多くの古典は，多年の厳しい眼を経て，なお現代に生き残った強い生命力を持っている。オリジナルの言葉・文章に触れることによって，新しい発想が触発されることが大いにある。経済学の歴史でも，ケネー（経済表）とマルクス（再生産表式）を合わせて，現代の産業連関表に応用されたり，19世紀のリカードの言説に基づいて，20世紀に中立命題（税でも国債でも経済効果は変わらない）が提唱されたり，ジェヴォンズ（石炭の枯渇論）やピグー（外部性への課税）に触発されて，現代のエネル

（7）　この2つは根岸（1997：5）が紹介している。その他に，供給過剰（需要不足）か瞬時調整か，実物重視か貨幣重視か，などの論争が続く。

ギー問題（地球温暖化や環境税）に道筋が付けられたり，など様々なアイデアの
「宝の山」（根井 2005：19）となっている。経済学史は原典の厳密な引証を得意▲H
としているので，オリジナルの文献を発見・確定するのに大いに役立つ。

概念とデータのむずかしさ

　第四に，経済学が扱う概念およびデータに，独特の難しさがある。まず，その概念に実証性（～である）と規範性（～すべき）が同時に含まれている。経済現象（例：株価の動き）と物理現象（例：原子の振る舞い）とは，表面上，同様の動きが観察されたとしても同一視できない。自然科学の概念（例：ボルツマン定数やコンプトン波長）とは異なり，経済学で用いる概念は，欲望・需要・貨幣・貿易・産業・失業など，日常用語とも重なるため，素人の直感と専門家の概念操作が絡み合っている。次に，経済学は数量データの扱いに長けているが，その数値を判定するのは人間である。ビッグデータ時代の推論に引きつければ，歪んだデータの過剰学習によって偏見を助長しないか，構造化されていないデータを全体でどのように位置づけるのか，データの収集・分析が現在までの倫理・慣習・制度・法律などと抵触しないか，など多くの規範的な論点が存在する。いずれの場合も，自然科学を模倣することの利点と限界を考えなくてはいけない。

　つまり，概念およびデータに関して，客観性を自認してきた経済学ならではの難しさがある。経済学の歴史を紐解くことは，こうした困難に直面した経済学者の苦悩，あるいはモデル化の過程で脱落してしまった時代の熱気（中村ほか編 2001：i）を追体験し，現代を生きる我々に教訓を与えてくれるはずである。実際，経済学の歴史には，「経済学はどのような学問か／あるべきか」「経済社会の理想像は何か」という具合に，経済学の自己像を常に確認し，その方法論や規範論を整理できる言説が揃っている。▲E

　このように，経済学を内側と外側から眺め，隣接領域との関連において自己像を常に再確認・検証する分野が必要となる。それが社会的および歴史的な文脈の中で，様々な学説の整理を行う経済学史である。経済学史は，経済学の一(8)

領域でありながら，科学史・知識論というメタサイエンス（川俣 2016：1）・メ
タレベルも同時に備える。法学における法哲学，歴史学における歴史叙述論，
社会学における社会学史と対置することができるだろう。一見，自然科学の操
作（仮説〜論理〜実証）を完全に模写しているように見えながら，説明すべき変
数（状態）に個人意思と社会構造が必然的に含まれる社会科学では，常に社会
的文脈と複数の学説併存という学問の特質を見失ってはいけない。数量データ
を特に大量に扱う経済学においては，自然科学への模倣度が必然的に高くなる
ので，逆説的に，社会科学としての自己像を常に確認しておく意義がある。
「モラリスト×エキスパート」が要請されているのである。

3　学説の三位一体

　それでは，どのように経済学史を記述すべきだろうか。一般に，理論史と思
想史という二元論（相容れない二要素）を採ることも多いが，ここでは一元論を
採る。すなわち，学説 doctrine を思想・理論・政策の混合体と定義し，その
学説の類型および系譜を分析する経済学の一分野を経済学史と定義する。

（8）　クルツ（2008：131）は「過去の著者たちの立場から，経済学の現状を検討する」と
　　　いう現状批判的な側面を，経済学史の使命と見ている。堂目（1993：103）も「現代経
　　　済学を相対化する尺度を与えてくれる」側面を指摘している。
（9）　この側面については，小畑（2014：7-10），川俣（2016：4-6）を見よ。
（10）　小畑（2014：6）によれば，道徳哲学と科学を同時に備えた学問を扱う専門家。
（11）　「経済学史」の英訳として，欧州系では History of Economic Thought，アメリカ系
　　　では History of Economics と称することが多い。前者が思想史，後者が理論史に傾斜
　　　していると見なせる。経済思想史を社会思想史の一部，経済理論史を経済学の一部，と
　　　捉えて峻別する見方も可能である。本書ではどちらの側面も備えている概念を経済学史
　　　とする。
（12）　馬渡（1997：2）は経済学史の側面を，共時的整理（静学）と通時的整理（動学）に
　　　分ける。ここでは，さらに前者を類型，後者を系譜と整理した。

2 つの主義と三位一体の把握

　経済学史の方法として，絶対主義と相対主義の区別[13]に触れておこう。前者は
マルクスやシュンペーターに代表され，経済学の歴史をある特定の理論の進歩[14]
と捉える。現代理論の到達度を基準に，過去の学説の発展過程を記述するので
ある。他方，相対主義は歴史的な偶発性・個別性を重視し，学説をその時代状
況の反映と見なす[15]。現代が絶対的な基準とならない。本書ではどちらにも偏
らず，折衷・補完という立場（石井 1992：6）を採用する。すなわち，分析用
具の発展という側面では理論の絶対的進歩[16]は認める。しかし，問題群の設定と
いう側面では，進歩史観（新しい理論が最善）は採用せず，多くの**洞察力・世界
観 vision** が並立する状況を常態と見る。

　ここで高島（1964），美濃口（1981），塩野谷（2009）を援用して，学説の時系
列，三位一体，解釈の再構成を説明しよう。

　高島（1964：139）は自然科学と異なる特有の方法が社会科学に必要だと主張
し，歴史的な時間の中で学説を把握する。歴史（思想）とは過去から現在へと
いう流れ・経験であり，政策とは現在から未来への指向・対策である。理論は
その中にあって，現在の分析（必然の法則の発見）に集中し，過去と未来を結び
つける働きをする。社会科学にとって，歴史研究とは理論を確立し，政策を推
進するための不可欠な要素なのである。この時系列を美濃口（1981：3）は「理
論・政策・歴史の三位一体としての把握」と表現した。図表 1 - 1 は，歴史的
時間における学説（思想・理論・政策の混合体）の三位一体[17]を示している。

---

(13)　石井（1992：6）や馬渡（1997：2-4）に詳しい。

(14)　代表例として，マルクスの剰余価値論，シュンペーターの一般均衡理論がある。特に
　　　マルクスは『剰余価値学説史』（1861-63）を著したため，日本では「学説史」＝理論史
　　　と解釈することが多い（本書の立場とは異なる）。

(15)　シュモラーやスターク（1973）が代表例となる。馬渡（1997：4）。

(16)　例として，自由貿易の利点を立証する理論の精緻化，一般均衡論（存在および安定）
　　　を証明する数理化，市場の失敗を塞ぐ理論と実例の豊穣化など。

(17)　思想は過去・現在・未来のいずれにも適用されるが，理論・政策の概念や体系を方向
　　　づけている（八木 2011：11）ため，主に過去からの負荷という意味で，歴史（過去）
　　　に配置してある。

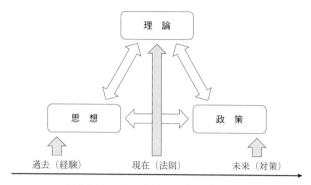

図表1-1　三位一体（The Trinity）の把握

原典の再構成

　塩野谷（2009：351）は，原典解釈の再構成を3つに分けた（図表1-2）。そして経済学の歴史が単に合理的再構成や歴史的再構成に留まらず，全体的再構成に進むべきだと主張した。合理的再構成とはおおよそ理論史に相当し，現代理論の到達基準から，過去の学説を再解釈し，現代的な意義を見出す方策である。解釈者（原典・テクストを読む者）も時代の制約から逃れられないという意味で，通常の**読み方**であろう。他方，歴史的再構成とは思想史に相当し，その学者が生きた世界をできるだけ再現し，彼らの同時代人と対話するように，テクストの意味を考える方策である。最後に，全体的再構成とは，以上の再構成を未来の自分・社会を変えるという意識でもって，原典を生き生きと解釈する方策である。経済学の歴史を記述することは，この全体的再構成を意識しなければ，単なる骨董趣味か，現状肯定の道具になってしまう。

　以上の再構成を，点・線・面という比喩で説明しておこう。合理的再構成（現在）は一点に集中するという意味で解釈の**点**に相当する。この点を歴史的再構成（過去）によって方向付けするという意味で，解釈の**線**が登場する。最後に，この線を全体的再構成（未来）によってさらに方向性を多面化すると，解釈の**面**が現れる。こうした再構成をゼロ次元・一次元・二次元という具合に組合せ，高度化させることで，原典の全体像が明らかになる。3つの再構成を三位一体として用いた場合のみ，解釈の立体像が浮かぶと考えられる。三次元

名　称	再構成の時点	対話の対象	テクストの〜	難易度
Text	**合理的再構成**	現在の自分との対話	意義 significance	基本
Context (Hyper-text)	歴史的再構成	**過去**の同時代人との対話	意味 meaning	難
Hyper-context	全体的再構成	未来の自分・社会との対話	**意識** consciousness	超難

図表 1 - 2　3つの再構成

の立体像は人間が自然に知覚・理解できる解釈となる。このように，思想・理論・政策という側面と，3つの再構成のそれぞれの三位一体が完成する。

経済史との違い

　補足として，経済学史の中身を理解するために，類似の科目名からその差異を確かめてみよう。**経済史**は，時間と空間の個別性・具体性を切り捨てがちな**経済理論**に比すると，過去の経済現象を対象として，そのゆるやかな法則性や，突出した特異性を炙り出す学問である。経済理論が現代の市場経済に対象を限定しているのに対して，経済史はどんな時代・地域も（少なくとも潜在的には）対象となる。経済理論が直近の経済現象を，直接的に，モデル化・抽象化・普遍化するのに対して，経済史は，過去の経済現象を，直接的に個別具体的に記述し，時に類型化を施す[18]。この両者に対して，経済学史は，経済学者の思考法を追うという意味で，間接的に経済現象に接近する。その対象は，経済学の生誕以後，つまり近代以降の市場社会にほぼ限定される。

　経済史と経済学史は非常に似通った用語であり，経済学者の多くもその違いを認識していないことが多い。しかし，両者の発想法はかなり異なる。経済史が人々の思惑・意思を越えた経済の「構造」「社会システム」に注目するのに

---

(18)　経済史の効能は，岡崎（2016：3, 6, 12）によれば「歴史の教訓」「現在の相対化」「理論の実験室」に集約される。それぞれ，類似性・相違性・データ性と言えるだろう。また小野塚（2018：5）は経済史を「経済学と歴史学の両方にまたがる」として，その協力関係のみならず，相互チェック機能も期待する。

	経済現象を	主な注目点	時空の対象は
経済理論	**直接的**に分析（抽象化・モデル化・普遍化）	理論の結論	現代（市場経済）
経済史	**直接的**に記述（類型化，個別具体化）	現象の起源 構造の発掘	どんな時代・場所も
経済学史	**間接的**に解釈（系譜化，類型化，思考の再構成化）	概念の生成・変形・流布	近代以降（市場社会）

図表 1 - 3　分野の違い

対して，経済学史は人々の認識活動そのもの（アイデア・概念・動機・誘因）に強い関心がある。両者は共に歴史を扱っていながら，相容れない発想を持つことが多い。しかし，自然現象と異なり，社会現象は構造と意思の相互作用に影響を受けているはずだから，両方の領域はもっと分業・協業が可能なはずである。

　本書は上記の三位一体と3つの再構成を念頭に置くが，以下の章の本論では合理的再構成にやや傾斜している。ゆえに，各章の最初と最後の節において，時代と思想の文脈，あるいは未来への示唆に関する言及を心がける。

4　本書の構成

　改めて，経済学史の本質と意義は次にある。その本質は，「経済学の学説を思想・理論・政策の三位一体として捉え，経済学の自己像を多様な角度から再確認できる特質を持つ」ことである。その意義は，「経済・経済学とは何か／何をすべきか，に関して，**経済学の見取り図**を通じて，未来の目的のために，過去に照らして，現在を研究し，何らかの知見・教訓を提供できること」にある。

（19）　経済理論家の多くはモデル化という構造に関心があるため，理論の実験室として過去の経済データを収集することもある。稀に，経済モデルを考案した人物・学説に興味を持つ経済理論家も存在する。

（20）　ケインズ「アルフレッド・マーシャル」『人物評伝』（第2節／訳233頁）。

各章のならび

　このような意識に基づいて，本書の構成を明らかにしておこう。第 2 章では経済学が生誕する起源を探り，古代と中世における経済の意義を解説する。第 3 章では社会契約説の巨人 3 名を取り上げ，彼らの思考が近代の政治・経済を象徴し，類型化できることを説明する。第 4 章では，スミスを生んだ直接的な思想である重農主義と重商主義を取り上げ，その普遍性と特殊性を論じる。第 5 章では経済学の父アダム・スミスを特徴づける「利己心」と「共感」という 2 つの重要概念を軸に，その革新性を見る。第 6 章ではリカードとマルサスの経済論争を取り上げ，古典派経済学の理論的発展を見る。第 7 章では J. S. ミルにおける古典派の完成を解説する。第 8 章では古典派に反発するイギリス以外の国（フランスとドイツ）の潮流を説明する。第 9 章はマルクスとその後継者を取り上げ，社会主義の挑戦を解説する。

　第10章では1870年代に 3 カ所で同時に発生した限界革命を記述し，その共通点と特異点を特徴づける。第11章ではそこで誕生した新古典派経済学の世界的展開を，英米と中欧・北欧で確認する。第12章では1930年代のケインズ革命を取り上げ，正統と異端という観点から彼の影響力を探る。第13章では弟子を作らなかった 4 名の巨人（シュンペーター，ハイエク，ガルブレイス，都留重人）を取り上げ，彼らの独自性を解説する。第14章では現代経済学の多様性と到達点を述べ，戦後の経済学の発展を一瞥する。第15章では全体のまとめとして，経済学的思考の特徴を， 3 つの分岐点と 6 つのペア概念によって整理する。最後に，経済学史の利点および責務を明示して，本書の結論とする。

経済学的思考とは

　なお，以下の議論の前提として，経済学的思考とは，以下の 3 つを指すと整理する。①目的の設定：社会全体の厚生・望ましさ・幸福を問題とする。②マクロ的市場機能：「市場」という機能が，その「厚生」にどのように貢献するのかを分析する。③ミクロ的行動類型：人々が主に「市場」において取る行動を，できるだけ一般化・類型化する。この点は第15章で再説する。

原 典

ケインズ（1980）「アルフレッド・マーシャル」『人物評伝（ケインズ全集 第10巻）』大野忠男訳，東洋経済新報社。

シーニア（1929）『経済学』高橋誠一郎・濱田恒一訳，岩波書店。

シュンペーター（2005）『経済分析の歴史』上，東畑精一・福岡正夫訳，岩波書店。

マーシャル（1965）『経済学原理』Ⅰ，馬場啓之助訳，東洋経済新報社。

ミル（1997）『J. S. ミル初期著作集』第4巻，杉原四郎ほか編，御茶の水書房。

ロビンズ（2016）『経済学の本質と意義』小峯敦・大槻忠史訳，京都大学学術出版会。

練習問題

問題1

「経済学史」の定義について，次のような対照的な方策で調べ，相違があるかどうか確かめなさい。①スマートフォンとパソコンで別々に Google 検索，② Google 検索（Yahoo! 検索）と JapanKnowledge Lib（大学図書館のデータベース），③巻末の参考文献表の数冊から抜き出し。

問題2

経済学のイメージを自由に述べてみよう。そのイメージは経済学を学ぶ前と後で変わっただろうか。また，身近な人に経済学のイメージを尋ねてみよう。

問題3

経済史と経済学史の違いを述べてみよう。それぞれの入門書を図書館から借りだし，その定義を抜き出してみよう。

問題4

ミル『初期著作集（第4巻）』，マーシャル『経済学原理』，ロビンズ『経済学の本質と意義』を図書館で閲覧し，経済学の定義がある原文を確かめよう（→第15章）。

第2章

経済の発見
——古代から中世における経済の位置——

> アリストテレスが『政治学』第1巻で述べたように，……
> 利得への欲望は限界を知らず，無限へと向かう……。したが
> って商取引は……何らかの賤しさを含む……。／しかし，商
> 取引は正当な場合がある。例えば……節度ある利得を，自分
> の家の維持，あるいは困窮者の援助にさえも秩序づける場合
> ……である。
>
> トマス・アクィナス『神学大全』
> （II-II，q. 77，a. 4／訳382-383頁）

本章のねらい

　本章ではヨーロッパの古代社会まで遡り，**経済**という考えの根源を跡づけ
てみよう。**経済学**自体は千年以上の後に発明されるとしても，経済問題は古バ
ビロニア王国にも周王朝にもアケメネス朝ペルシャ帝国にもあったはずである。
それでは，大昔の経済問題とは何か。
　ここではギリシア文明（古代）とキリスト教社会（中世）を例に取り，経済
の起源を考える。それぞれ第2節と第3節に相当する。最後に，主に宗教的精
神と資本主義の発生という観点にも触れる。

Keywords：経済とは何か，オイコノミア（家計の法），金儲け（金貸し）への嫌悪，節
　　度ある利得，利潤と利子

1　経済の根源

　経済とは何か，いつから発生したのか，という問いは難問である。ここでは
現代の西洋文明の直接の母体，すなわち，ギリシア文明とキリスト教社会を取
り上げてみよう。本来ならばここに東洋文明も対置すべきだが，経済学史の長
い慣例に倣って，まずは西洋の例から出発しよう。

2　古代の家政術

　原始共産制（狩猟生活を主として，生産手段が共有されている体制）を抜け，ギリシアでは紀元前8世紀までに，数千人から数万人の規模である都市国家（ポリス）が成立していた。そこでは独自の政治や文化が発展し，特に文芸・哲学において優れた人物が数多く活躍した。

プラトンとクセノポン

　師ソクラテスを衆愚政治で失ったと考えたプラトンは，宿敵スパルタの政治体制を念頭に，理想的な国家を論じた。国民は①理性ある支配者（＝哲人政治家），②気概ある軍人，③欲望を持つ一般市民（農民・職人・商人など）に分かれる。この区分は世襲などで固定されるべきではなく，むしろ資質に応じて階層を移動すべきなのだが，いったん決定した階層においては，その生活様式が厳しい制約を受ける。すなわち，一般市民は適度な範囲で欲望や富を追求できるが，それは支配者・軍人が最低限度に必要な食糧・道具を支えるためである。逆に，支配者と軍人は知恵と勇気のみを持つべきで，権力や暴力に伴いがちな蓄財は許されず，家庭を築くことを含む私的生活・私有財産が禁止される^(ⅰ)。人口も一定数になるように管理される^(ⅱ)。まさに究極の原始共産制である。プラトンの世界にあっては，徳と富は両立せず，引き裂かれた関係にあった。

　同じくソクラテスの弟子であるクセノポンにも注目しよう。彼は『オイコノミコス』や『政府の財源』を著すなど，経済問題に造詣が深かった。**オイコノミア**とはオイコス（家）とノモス（法）の合成語であり，「家計の法」を意味する。後の「経済」economy の語源となる。つまり，経済とはギリシアにおいて，自分自身の家財をきちんと管理し，富ます技術を意味する**家政術**であった^(ⅲ)。ポリスは（奴隷制の上に）直接民主政を行えるほどの規模であったので，国家財政を家計の比喩として用いることが可能であったのだろう。

　ただし，クセノポンは国を富ますには，戦争による領土拡大よりは平和によ

る貿易の拡大を好んでいる。特に，在留異国人のために苦役（重装歩兵）を免除し，逆に名誉な軍役（騎兵隊）への参加を認めるなど保護と名誉を与えれば，彼らをアテネに引きつけて，その経済活動を活発化できるだろう。平和監視委員会も有用である（iv）。一国の内部的な秩序を注視するプラトンと異なり，クセノポンは開放的なアテネを反映して，国内外の経済発展を指向していた（セドラチェク 2015：135）。

アリストテレスの家政術

　家政術について，さらに考察を深めたのがプラトンの弟子であるアリストテレスであった。彼は『政治学』（第1巻第9章）や『ニコマコス倫理学』（第5巻第5章）において，正義（最高善）を実現するという究極の目標の下に，経済問題を考察している。家政術とは，共同体の維持に最低限必要な財の獲得・使用である。それには，家長（つまり国家財政の管理者）による賢明な制御・統治が必要となる。つまり知性をもって予見する能力が統治者に必要となる（荒谷2013：30-31）。

　賢明さを明確にするために，アリストテレスは正義に関する様々な基準を用意した。その用語はやや錯綜しているので，ここでは不正確ながら大胆に，「分配の正義」と「交換の正義」という二種類が内包されていると敷衍しておこう。前者は財の需給状態とは別に，社会や道徳の中に埋め込まれた公正な価格が重視される世界（moral economy）を指向している。徳や身分などが優先される世界である。後者は均等な価値が保証される売買を示し，経済の中で世界は完結する（political economy）。ヒト（多様な存在）よりはモノ（均等になりうる存在）が重視される世界である。

　さて，最低限度を超える財の獲得は**商人術**と呼ばれ，自らの利得を目的とする商行為となる。家政術が統治者に必要とされる技巧なのに対して，こちらは自らの欲望に基づいた私的な行為であり，軽蔑すべき（少なくとも高貴ではない）営為である。ここでは財産の増殖が自己目的化している。中でも，貨幣を元手に貨幣を貸し付ける**貨殖術**は，最悪の行為である。なぜなら「金儲けの術

において，目的に際限はない。その目的とは紛い物の富，つまり貨幣の獲得」^(vi)だからである。さらに「最も忌むべきことは……高利貸しである。これは貨幣自体から利得を生ませる行為であり，貨幣本来の使用法ではない」^(vii)。

金貸しへの嫌悪

　この金貸しに対する強い嫌悪感は，アリストテレス特有ではない。むしろ，古代から中世にかけて（あるいは現代でも）共通する感覚である。例えば，旧約聖書^{◀H}には，「銀を愛でる者は銀に飽くことなし。その多量なるを愛でる者も得るところあらず。これまた空なり」（伝道の書：第5章10）とある。イエス・キリストが体現していた**清貧の思想**——私欲を捨てた質素な生活を尊ぶこと——である。金利についても，「異邦人には利息を取っても良いが，あなたの兄弟からは利息を取ってはならない」（申命記：第23章20）。プラトンも「数多くの不敬虔な罪が，多くの人々の間に流通している貨幣をめぐってなされてきた」^(viii)と告発している。

　これらの共通するのは，狭い共同体を守るために，自らの欲望・利得に基づいた行為にブレーキをかけさせる工夫である。それが高利貸し（許容される以上の金利で貸す行為）や金儲けを貶め，戒める道徳の形成であった。商行為は，私的な財と財の取引に関係し，貨幣が介在している。さらには，貨幣から貨幣を生み出す利殖については，最大限の嫌悪が窺える。上記のように，旧約聖書の記述を根拠として，異邦人のみに金貸しを許す二重基準——『ヴェニスの商人』^{◀H}の世界——も存在した。

3　中世のスコラ哲学

2つの文化

　ローマ帝国が東西に分裂し，王権（国王という世俗の力）と教権（ローマ教皇という宗教の力）が競い合う中で，封建社会が成立した。およそ5世紀から15世紀まで続く中世の世界である。ヨーロッパにおいて，ヘレニズム^{◀H}（ギリシア文

化）とヘブライズム（ユダヤ教・キリスト教）が融合し，異教徒の侵攻に絶えず脅かされた時空であった。この1000年間において，商人術に関する通念が徐々に変化してくる。人口の増加と共に，土地や農産物などの資源が枯渇し，異文化との接触において交易も盛んになっていった。

　この時代に知の世界をリードしたのが，教義解釈を独占していた聖職者であった。中でもトマス・アクィナスは，中世スコラ哲学（キリスト教の教義と哲学の調和を考えた学問）の最高峰である。彼はプラトンよりも現実志向のアリストテレスから大いに影響を受けた上で，理性と信仰を調停するために，なお独自の見解を見せた。彼は商取引の目的である利得には，何ら高潔さや必要不可欠といった本質は含まれていないことを認める。ただし，同時に，悪徳の要素も最初から含まれてはいないとも判断する。さらに，「節度ある利得」ならば，道徳的にも許されるという判定を下す。

　それでは「節度ある利得」とは何か。聖トマスは自分の家計を維持する場合，困窮者を援助する場合，公共目的（例えば祖国に生活必需品をあまねく充当できるような商取引）の場合などを挙げている。結局，適正な価格とは，原料の入手費用＋輸送に関する自らの労働費用＋価格変動のリスク＋節度ある利得となる（小田中 2003：26）。

利子の合理化

　商売が拡大していた痕跡が，利子に関する議論からも伺える。聖トマスは「利子の罪について」という題名の下，「貸した金ゆえに利子を受け取ることは，それ自体において不正なことである[ix]」と断定し，古代から連続性を意識して，キリスト教世界の一般教義を擁護する。しかしながら，彼は巧妙な仕掛けをその後にいくつも用意して，より現実的な解釈に接近する。その仕掛けとして，利子そのものではなく高利（ある範囲を超えた不当な利子）や利潤にすり替えて論じる例がある。アダム・スミスやケインズは，こうした論理を見逃していなかった（猪木 1987：117）。

　その第一は，損失の回避という問題で，例えば借金の返済に遅延が生じた場

合，貸し手が借り手に損害の賠償を要求できることである。利子というタブーから損害賠償という考えに転換させているのだが，もし約束した返済の期間がごく短くとも，一般的にどのような返済でも遅延となり，つまり実質的に利子を受け取ることが道徳的にも可能になってしまう。あるいは，無利子で貸付を行った結果として失う利益（別の人に利子付きで貸したら，その分は損してしまう）に対する補償であるとすると，どんな場合でも補償が受け取れることになる。この場合は**機会費用**という概念が芽生えていることになる。聖トマスはこのケースを容認しなかったという解釈が支配的だが，実際のところ14世紀以降は損失するであろう利得も教会から認められていった。

　第二の仕掛けは，「自分の金を商人あるいは職人に何らかの組合を形成するような仕方［合資の形］で委託する」場合である。聖トマスは，使うと消失してしまう消費と，家屋のように使用してもそのまま残る行為を区別している。この後者に向けて，リスクを冒して組合の形で貸し付ける者については，利潤の一部を受け取ることが正当になる。言わば，金貸しという行為を，利子ではなく利潤の取得として捉えるのである。適正な価格にも価格変動のリスクが含まれていたように，トマス・アクィナスの世界でも，経済が大幅に変動する事態を引き受ける報酬（リスク・プレミアム）という考えが芽生えていることがわかるであろう。

　ヘレニズムでもヘブライズムでもタブーとされていた利潤や利子について，双方を熟知していた高僧から，以上のような巧みな論理が発展していた。こうした思想の発展が，やがて初期近代を準備することになる。

4　現代への示唆

古代の経済思想

　古代の経済思想からは，経済における2つの源流をすくい上げることができる。第一は，家計の法という語源からわかるように，経済をマクロ的・全体的観点から制御・統制する視野である。これは「世を治め，民を救う」という意

味の「経世済民」（経済の原義）という中国の故事（こじ）に対応している。第二は，商人術として，商人・職人の自由な発想や欲望に基づいた商行為である。これは個別の経済主体に力点を置いたミクロ的視野である。この視野の中で，特に貨幣や利子を扱った部分は道徳的に忌（い）み嫌われた。ギリシア文明やヘブライ文明における知恵がこの嫌悪を支えていた。すなわち，狭い共同体においては，道徳のタガを外れた欲望は際限なく増殖する。

　さらに，人口や農地といった資源が限られた世界では，共同体の仲間を傷つけたり，その外部に戦争を仕掛けたり，貧富の格差や戦乱など多くの害悪をもたらす。言ってみれば，ゼロサム・ゲームの様相である。このゲームでは，誰かの得は必ず誰かの同等の損で埋め合わせられるので，あれか／これか，という冷徹な選択を迫ることになる。ただし，その中でクセノポンは，国際貿易による平和と富の拡大を考えていた。

中世の経済思想

　中世の経済思想からは，利潤と利子の問題を見いだせる。経済問題は古代よりは拡大したため，ごく一般的に行われている商取引をローマ教会も否定できず，むしろ道徳的なお墨付（すみつ）きを与えることになった。それが節度ある利得であり，損失補填（ほてん）であり，経済変動に対するリスク取りへの報酬であった。トマス・アクィナスは神学上の教義を最終的に確定させる役目を負っているから，その議論は当然に規範的な言明（……すべき，という表現）の色が強いが，その規範・道徳も商取引の拡大という社会状況の変化を無視できなかったことに注意しよう。特に，たとえ限定されていたとしても，利潤や利子の追認は，資本の自己増殖を道徳的にも肯定することになる。後に社会学者マックス・ウェーバーはプロテスタント（ローマ教会を旧教として告発し，新教と自称した集団）の精神・気質こそ資本主義を生んだと論じた。しかし，本章の議論では，ローマ教会の中からも資本主義の原型があると主張できるかもしれない。

　以下で，近代に入って初めて経済学が誕生したと説明するが，それは決して，その前の時代に経済問題が存在しなかったと言うわけではない。むしろ，経済

学が誕生した後も持続的に問われるような大きな問題が存在した。どのような経済活動が，道徳的に正当化できるのか。経済活動は公的なのか，私的なのか。制御されるべきか，自由に任せるべきか。この時代の思想は，現代でも解決できない難問を私たちに突きつけている。

原　典

トマス・アクィナス（1985）『神学大全』第18冊，稲垣良典訳，創文社。
アリストテレス（2001）『政治学』牛田徳子訳，京都大学学術出版会。
アリストテレス（2015/2016）『ニコマコス倫理学』上・下，渡辺邦夫・立花幸司訳，光文社古典新訳文庫。
クセノポン（2000）「政府の財源」『小品集』松本仁助訳，京都大学学術出版会，所収。
クセノフォン（2010）『オイコノミコス』越前谷悦子訳，リーベル出版。
プラトン（1979）『国家』上・下，藤沢令夫訳，岩波文庫。

練習問題

問題1
古代や中世という時代区分は，誰がどのように考えたのか。他の時代区分も列挙してみよう。

問題2
「金貸し」が活躍する映画・小説・漫画などの例を挙げ，あらすじを調べよう。

問題3
アリストテレスの略伝を作った上で，「応報的正義」について調べよう。

問題4
経済学が東洋やアフリカや南北アメリカで誕生せず，ヨーロッパにおいて誕生した理由を推測してみよう。

第3章

特殊な「近代」の出現

—— 民主主義から資本主義へ ——

> 人間は皆それぞれ平等で独立した存在なのだから，何人も
> 他人の生命・健康・自由・財産を侵害してはならない。
> ジョン・ロック『市民政府論』（第2章6／角田訳18頁）

─── **本章のねらい** ───

　本章では14世紀以降の西洋社会を対象に，中世が4つの段階を経て，徐々に崩壊する過程で出現した「初期近代」「近代」という特別な時代に注目しよう。やがて神や王のためではなく，人々のための社会制度が18世紀までに出現する。つまり，政治体制としての民主主義，経済体制としての資本主義である。ここでは両体制の支えである**社会契約説**を唱えた3名の思想家が，どのような経済的思考につながるかを考えていこう。

Keywords：中世の崩壊，初期近代，社会契約説，自然状態，所有権，経済思想の3つの型

1　近代の始まり

　西洋文明が他の文明と異なるのは，いちはやく**近代化**を成し遂げた点にある。以下では，中世から初期近代・近代に移り変わる要因をおさらいしておこう。そして，この移行が経済の発展，経済学の生誕に関して，どのような重要性を持ったのか，大まかにつかむことにしよう。

　第2節では，中世が崩壊していく4つの要因を把握する。第3節では，社会契約説を唱えた代表的な学者3名を取り上げ，彼らの論理と経済の関係を説明する。第4節では，この時代から始まる金融の革新とバブルについて触れる。第5節では，3名の論理が経済思想のある型を代表すると整理する。

2　激変する社会——四段階把握

極めて大まかな形ではあるが，西欧において，経済の領域が拡大していく様を，次の4つの要因によって把握しよう。

ルネサンスと大航海時代

第一の要因は，ルネサンス◀Hという文芸復興運動である。イスラム圏で保存されていたギリシア・ローマの古典文化を再生することで，現世を肯定し，人間性や個性の尊重を促すことになった。ルネサンスは14世紀から16世紀まで，地中海貿易の中心地（イタリア）や南北ヨーロッパの中継地（ネーデルラント）で特に花開いたように，経済的な豊かさを背景にした芸術・科学の保護という側面もあった。

第二の要因は，15世紀から17世紀にかけた大航海時代◀Hにおける世界の一体化である。宗教的情熱や富の獲得欲に突き動かされて，特にスペイン・ポルトガルからアフリカ大陸・アメリカ大陸・アジア大陸を目指す動きが活発化した。これは羅針盤（らしんばん）・長距離帆船・実測地図など技術的な革新によって可能になった現象で，中には征服・通商・布教が一体化した場合もあった。大航海時代によって一般庶民まで世界的な貿易体制に組み込まれた。人口激増と農産物生産の不釣り合いや，新大陸からの金銀の流入によって，物価が著しく高騰（こうとう）した（価格革命◀H）。また，固定的な収入を受け取っていた地主・職人・労働者が没落し，代わって貨幣的な利潤を追求していた商売人に大きなチャンスが訪れた。このような経済社会の激動，特に次の3点を含む変化を**商業革命**◀Hと呼ぶ。①域外貿易の拡大，②遠隔地貿易の中心が地中海から大西洋を臨む国々に移動，③高利貸しの金融に代わって，近代的な金融システム（例：複式簿記◀E，信用創造◀E，株式会社◀E，損害保険など）の登場，である。

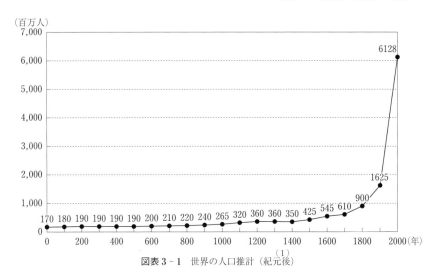

図表 3 - 1 世界の人口推計（紀元後）⁽¹⁾

宗教改革と絶対王政

第三の要因は，宗教改革である。16世紀に始まったキリスト教世界における教義の改革運動であり，カトリックとプロテスタントという分裂による宗教戦争をもたらした。既に教会大分裂^{◀H}など，王権に比べて宗教上の権威が失墜していたが，加えて贖宥状^{◀H}（免罪符）の販売など，聖職者の腐敗も進んでいた。ルターは1517年に「九十五カ条の論題」を公表し，教皇〜大司教〜司教〜司祭などの固定された権威となった教会を批判し，聖書と信仰のみに基づく純粋さを取り戻そうとした。活版印刷の発明で，母語によるパンフレットや聖書が人々に普及し，諸侯を巻き込んだ宗教戦争も頻発した。

第四の要因は，絶対王政^{◀H}である。イギリス国教会^{◀H}の成立や王権神授説の提唱が典型なように，宗教上の権威さえも王権に屈服させた上で，官僚制・常備軍・重商主義という明確な体制を持つ国家権力が強まった。その中で，対立の焦点は宗教上の権威と世俗の権力ではなく，むしろ絶対主義国家の頂点にいる国王と，近しい立場にいる貴族・聖職者との争いになった。主権国家内部の権

（1） McEvedy & Jones（1978）による（抜けた年度は平均値など）。ただし2000年のみは国連の統計で補った。

力・富における集中とその対抗が注目すべき点である。やがて問屋制（商人による道具・原材料の前貸し）や工場制手工業（工場内の分業；マニュファクチュア[H]）も発展する中で，国王の権力に対抗する力が徐々に育っていった。この時代（15世紀末から18世紀）は，やがて産業革命や市民革命による激動に向かう過渡期である。

　以上の要因や段階を経て，人間の内面（人間性・欲望の追求），欧州外部の構造（遠隔地との経済的結びつき），内部の構造（原始的な資本蓄積が可能な体制）といった様々な要因から，初期近代・近代という特別な時代が出現することになった。この時代の政治や経済の体制は，現代と直結する。

3　社会契約説の三巨人

　この節では近代国家の成立を理念的に支えた3名の哲学者を取り上げ，その思想からくみ取れる経済的な思考法をまとめてみよう。いずれも社会契約説を唱えた知の巨人である。彼らはまず**自然状態**[H]というあらゆる規制が存在しない仮説的な状況を想定する。そこには身分も特権も法律もなく，すべてが剥ぎ取られた生身の状態である。ここから自由で平等な個人が国家と社会契約を結び，統治機構（政府）を完成させる論理が必要となる。

ホッブズの闘争

　トマス・ホッブズは自然状態を「万人の万人に対する闘い[(ⅱ)]」と記述し，「所有も支配も存在しなくなる。私の物とあなたの物が区別できなくなる[(ⅲ)]」と捉えた。人間の本性は敵意・ねたみ・プライドであって，限りある食糧や土地を求めて互いに果てしなく争う。そこで強力な主権である国家を社会契約によって確立し，この戦争状態を終結させなければならない。それには正義・報恩・謙虚・公平・慈悲など，平和という善に向かう手段としての道徳的行動を理性的に実行することが必要となる[(ⅳ)]。ホッブズ思想の裏側には，清教徒革命[H]や共和制[H]といった内戦・動乱を経験した 焦 燥 感（しょうそう）がある。

ロックと所有権

　ジョン・ロックは同じく自然状態から考察を始めるが，理性による秩序が保たれ，ホッブズと異なり，所有することも自然に含まれている。「人間は皆それぞれ平等で独立した存在なのだから，何人も他人の生命・健康・自由・財産を侵害してはならない^(v)」。ホッブズのように一定の資源に制約されるのではなく，むしろ勤勉に働くことで，人間は価値を積み増すことができる。「……人間生活に有用な土地の産物のうち10分の9は労働の成果である……。いやむしろ……純然たる労働によるものが九割九分を占める^(vi)」。

　労働の成果が使いきれる（生存に必要な）範囲ですぐに消滅すれば，この所有をめぐる争いは起きない。しかし価値を貯蔵できる**貨幣**を使用すれば，時間と空間を超えて，大量の富が生まれ，私有財産の不平等を招く^(vii)。ゆえに理性的な自然状態から出発しても，貨幣の流通を伴う余剰・蓄積が発生し⁽²⁾，現実には市民社会の中で他人に危害を加え，財産を奪う事例も出てくる。このとき各人が裁判官になると不公平になるので，市民が安心して社会生活を送れるように，政府と社会契約を結び，所有権などを保護してもらう必要が出てくる。ただし契約後も，政府が非合法な権力を行使すれば，これに抵抗する権利もある。

ルソーと不平等

　ジャン・ジャック・ルソーは自然を無垢な状態^(viii)と捉え，年齢・健康状態・体力などの許容すべき自然な不平等は存在するが，政治的な不平等はないと見なした。しかし，いったん自らの労働成果を自分のもの（所有権）と主張するようになると，自然な不平等が富の不平等を拡大させ，やがて階級や格差や報復や戦争が勃発する^(ix)ようになる。ロックにおいては自然な権利であった所有権が，ルソーにあっては不平等を引き起こす大敵^(x)と認定されている。この状況を避けるために社会契約が必要となる。そこでは公共利益をめざす全体の民意（一般

（2）　ロックは貨幣の流れに即して経済社会を理解し（浜林 1996：207），特に利子率に関しては人為的介入ではなく「自然の成り行き」natural course of things に任せよ（自由主義）と主張した。

意志）が行き届いている。ジュネーヴ共和国出身でフランスに滞在したルソーは，経済が拡大しつつあったイングランドのホッブズやロックと異なり，商業を奪い合いの 掟 と捉え，やや時代遅れの「独立自営農民の共和国」（坂本2014：115）を想定していたようである。ルソーの説は人民主権論として，フランス革命などに強い影響を与えた。

4　梃子の原理とバブル

　この節では上記 3 名の思考が絡み合う現実経済を例示する。金融の進化とバブル（実体から乖離した価格上昇）の発生である。

オランダの時代
　「17世紀前半はオランダの時代」と呼ばれるほど，近代的な——多国籍企業・証券取引所・銀行システムなど——経済システムがアムステルダムで整いつつあった。バブルの発生と崩壊はここに初期の形がある。1634〜37年頃，チューリップの球根一個が馬車馬二頭・馬車・馬具の一式と交換できるほど高値（ガルブレイス 2008：50）になった後，急落した。さらに1720年前後，イギリスで南海泡沫 South Sea Bubble 事件が発生した。直前にフランスで，ミシシッピ会社に対して発生した事態と同じく，新大陸との貿易に絡めた国策会社の設立と崩壊に関連していた。

金融革新とバブル
　フランスのバブル崩壊を目の当たりにしたジョン・ロー（ルイ15世時の財務総監）が自覚していたように，これらは金融システムの革新と関連している。それは「梃子の原理」leverage である。梃子が小さな力で重い物体を動かせるように，金融に応用された原理は，小さな元手で大きな資金を獲得する技術である（図表 3 - 2 ）。ロックが見抜いたように，貨幣の発明によって，人類は自然状態から逸脱した。資本主義の勃興期に当たって，生産力の拡大という実物

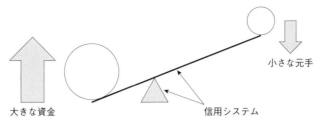

図表 3 - 2　梃子の原理

面の革新と共に，金融システムも進化を遂げた。そこにはホッブズが喩えたよ
うに，激烈な生存競争がある。例えば，戦債（国債によって戦費の調達），兌換
紙幣（金貨の節約），不換紙幣（兌換紙幣すら不要），信用創造（初期の預金が巨大
な貸出を生む），株式会社（リスク分散の大衆投資）など，次々と元手をはるかに
凌駕する資金を獲得する手段が発明されていった。

　こうした信用システムの進化は，資金制約を緩和して資本主義の発展に寄与
したことは間違いないが，同時に熱狂的陶酔 euphoria（根拠のない過度な幸福
感）を招く。梃子がうまく機能するには，支点を正確に計算し，支点に乗って
いる棒・板を強化しなくてはいけない。支点や棒は信用システムの比喩と考え
られる。つまり強力な信用システムがないと梃子の原理は機能せず，たちまち
狼狽的恐怖 panic が発生し，バブルは崩壊する。少数の売り抜けた者と，多数
の破滅した者。ルソーが嘆いたような不平等が出現する。経済および経済学が
大いに発達した20世紀・21世紀になっても，バブルの発生と崩壊は止まない[3]。
絶えざる貨幣・信用の進化の代償とも言える。

5　経済に関する３つの類型

　初期近代の経済思想からは，経済における３つの典型的な思考の型をすくい

（3）　その後，世界大恐慌（1929年；アメリカ），バブル経済崩壊（1990年頃；日本），サブ
　　　プライム・リーマンショック（2007/8年；全世界）という具合に，多くのバブル崩壊が
　　　発生しては忘れ去られた。

	ホッブズ	ロック	ルソー
主　著	『リヴァイアサン』1651年	『統治二論』1690年	『社会契約説』1762年
自然状態	戦争状態	理性的な秩序	善，野生人
時代背景と影響	清教徒革命と共和制（内乱）	名誉革命（無血）	フランス革命（理想と急進）
思考法	あれか／これか	あれも／これも	どれも／かれも
ゲームの型	ゼロ・サム	プラス・サム	マイナス・サム
自然状態と含意	所有権なし	所有権あり	所有権なし
経済思想の原型	経済人	理性による制御	社会主義
最重要項目	主権の確立	所有権の絶対視	市場の害悪矯正

図表3‐3　社会契約を唱えた3名の経済思想

上げることができる（図表3‐3）。

ゼロ・サム

　第一は，ホッブズのゼロ・サムゲームである。限られた資源の中で，人間と人間が本能に従って互いの領土や財産を奪い合う。この様相は「あれか／これか」「敵か／味方か」という二分法につながる。経済学では一方を獲得することが他方の断念につながるという意味を**選択**，**機会費用**と呼び習わしているが，その原型をホッブズが提供している。この世界では，経済が一定の規模で留まっているイメージである。個人が利己的に争う様は**経済人**，つまり自らの欲望のみを関心事として，計算高く行動する人間像となる。

プラス・サム

　第二は，ロックのプラス・サムゲームである。資源は有限ではなく，人間の労働によって拡大できる。その拡大した部分は，生産に貢献した人に帰すべき富であるから，**私的所有**が重要になるのも自然であろう。この様相は「あれも／これも」という経済が成長するイメージである。ただし，この成長が平和的に進むかどうかは，貨幣の使用によって大きく変わる。生産されたモノがやがて腐ってしまうならば，争いは起こりにくい。しかし，貨幣という貯蔵庫を使えば，価値は無限に広がって，富の不平等があらわになり，争いの源となる。ここに社会契約による政府の必要性がある。この政府は理性によって制御され

る。ロックには，貨幣が介在しなければ，勤勉で理性的な慎ましい平和的な成長があるが，貨幣がそれを破るという世界観がある。経済の制御と貨幣の暴走というテーマは，後のケインズを思い起こさせる。

マイナス・サム

　第三は，ルソーによるマイナス・サムゲームである。ルソーは所有権の存在こそ，人間を不平等に導く元凶であると断罪した。彼は商業や贅沢の存在そのものに否定的な態度を見せ，この意味で中世より前の時代に戻ってしまった感がある。市場経済そのものが人間性を失わせるというテーマは**経済学批判**やロマン主義に通じる。公共の利益・意志として一元化された共和国に解決方法を見いだす論調は，後の社会主義的な国家論を用意したとも言える。

　このように初期近代の思想家は，後に様々な形で展開される経済思想の型をよく浮き彫りにしている。

原　典

ホッブズ（2014）『リヴァイアサン』1，角田安正訳，光文社古典新訳文庫。
ルソー（2008）『社会契約説／ジュネーヴ草稿』中山元訳，光文社古典新訳文庫。
ルソー（2008）『人間不平等起源論』中山元訳，光文社古典新訳文庫。
ルター（1955）『キリスト者の自由　聖書への序言』石原謙訳，岩波文庫。
ロック（1978）『ロック　利子・貨幣論』田中正司・竹本洋訳，東京大学出版会。
ロック（2011）『市民政府論』角田安正訳，光文社古典新訳文庫。

練習問題

問題1
1400年から1700年にかけて，人口の増加率を計算してみよう。また，三圃制（さんぽ）とは何かを調べよう。

問題2
ホッブズには怪獣の名を持つ二著作がある。題名を調べ，それぞれの怪獣がどのような意味かを確かめよう。

問題3

イギリスとフランスについて，清教徒革命からフランス革命までの略式年表（王朝名・国王名・重要なできごと）を作り，その中に本文に出てきた思想家の著作も書き込みなさい。

問題4

社会契約説について，代表的な3名の思想をまとめてみよう。この説がなぜ経済学と関わっているのかを推測しよう。

問題5

支点・作用点・力点という用語に留意しながら，「梃子の原理」を改めて調べてみよう。この原理がなぜバブルと関係するのか。

第４章

スミス以前の経済把握
——重商と重農という観点——

> 比較級や最上級の言葉のみを用いたり，思弁的な議論をするかわりに……自分の言おうとするところを数・重量または尺度を用いて表現する……。
> ウィリアム・ペティ『政治算術』（序／訳24頁）
> 単なる消費のための支出は，復帰することなく自ら消滅する支出である。こうした支出が埋め合わされるのはただ生産階級によってのみである。この階級に限っては，他の階級の援助を必要とせず自階級だけで生存できるのである。
> ケネー「経済表の分析」『経済表』（第二考察／訳126頁）

本章のねらい

　本章では経済学の父アダム・スミスを生む２つの土壌を学ぶ。貿易の重要性を説く学派と，自然（農業）の秩序を説く学派である。まずイギリスで，学問の考え方について大きな変化が起こり，実験や観察を重視する科学精神が形成されたことに注意しよう。その上で，人間の実際の営みに注目が集まり，経済に対する独特の見方が発展した。

Keywords：科学精神，イギリス経験論，数量把握，トレイド，貿易差額，経済表，前払い，良価

1　科学精神の夜明け

イギリス経験論

　本章ではアダム・スミスに流れ込む２つの対照的な考え方を学ぶ。その前提として，**科学精神**を持った２名を紹介しておこう。

　フランシス・ベーコンは「知は力なり」という標語で，種族・洞窟・市場・劇場という４つのイドラと呼ばれる偏見を廃し，実験と観察による確かな知を確立しようとした（イギリス経験論）。

ペティの数量把握

ウィリアム・ペティは護国卿クロムウェルに重用され，オランダ・フランス・スペインといった列強に挟まれたイングランドにおいて，国力を客観的な数値で測ろうと尽力した。ペティは自然現象を観察するように，社会や政治を統一的に理解しようとした。同時に，「土地が富の母であるように，労働はその父」として，労働の重要性を再認識した。また，儲けは，農業→製造業→商業→航海業の順で大きくなるという経験則も発見した。このように，経験に基づいた科学精神を発揮して，経済社会の全体像を把握しようとする視点が，スミス以前にも芽吹いていたのである。

　以下，第2節ではイギリスにおける重商主義の展開を解説する。第3節ではフランスにおける重農主義の確立を説明する。いずれも絶対的な神の摂理（神学・形而上学）に代わって，人間の社会全体を経済という観点から統一的に把握しようという機運が，徐々に高まってきたことがわかるだろう。

2　重商主義における取引の推進

　人口や物価がほぼ一定だった時代は終わった。大航海時代の幕開けで，南北アメリカ大陸から欧州に向けて，大量の金銀が流入した。激しい物価上昇によって，貿易や流通を活性化させる貨幣の存在が露わになった。16世紀半ばから18世紀末までの時代において，有力な経済思想，つまり重商主義が形成されていった。その中身を問い・特徴・代表者の3点から説明しよう。

重商主義者の問い

　根源的な問いとは，富とは何かである。周辺の問いとして，経済（あるいはトレイド＝産業・貿易・取引など経済全体の動き）を活性化させるには，勤勉・贅沢は望ましいのか，貨幣不足にどう対応するか，政府はどのように介入するか，などがあった。その特徴とは，政府の介入による経済活動の誘導，特権商人（特に毛織物工業）と政策担当者（王室や議会）との蜜月による経済政策の決定，

富である貴金属の国内流入の重視，などである。

　重商主義の初期段階では，スペイン・ポルトガルが典型だったように，新大陸とされる南北アメリカ大陸から金銀財宝を収奪し，国内に貯め込むという信念が支持された。この立場を重金（金塊）主義と呼ぶ。ただしその後期段階では，東インド会社がもたらす貿易体制（中国・インドから香辛料・生糸・藍などを輸入し，その代金として金銀が多大に流出している状況）をどう評価するかに焦点が当たった。まず初期段階のマリーンズは，国内に金銀（貨幣）を貯める状況こそ国を富ますと考えた（重金主義）。誤った為替ルートなどによる貨幣の流出が国内の不況をもたらすとして，金銀の国外持ち出し禁止を提唱した（馬渡1997：16）。

　ミッセルデンは**貿易差額**（輸出額と輸入額の差）に初めて注目し（馬渡 1997：18），金銀そのものが重要なのではなく，金銀の国外持ち出しを自由にして貿易取引を活発にすることを重視した。さらに東インド会社の重役トーマス・マンは，ヨーロッパへ香辛料を再輸出すれば，イングランド全体の貿易収支は黒字になると論じた[1]。どちらも貿易差額を重視した考えだが，マンに至って経済を全体的に把握する視点が開けたことがわかる[2]。こうした海外貿易への注目は[3]，安価なインド産キャリコ[H]（綿布）を輸入規制すべきか，などという自由貿易・保護貿易の論争にもつながった。

進展した4つの理解

　この時代は勤労や貨幣という場面で，経済的な理解がさらに進んだ。4つの

（1）　マンは「当初の輸出拡大→（国内生産の活発化）→さらなる貿易拡大→輸入も拡大するが，輸出ほどではない」という道筋を考えていた（『外国貿易によるイングランドの財宝』第4章／訳33頁）。

（2）　前者を部分的貿易差額主義[E]（ミッセルデン等），後者を全般的貿易差額主義（マン）と呼ぶ。ロック等による名誉革命以後の重商主義を，「固有の重商主義」と日本では呼ぶ伝統もあった。

（3）　ただし，「我々が消費する外国商品の価値額よりも，なお多く外国人に販売すべし」（『外国貿易によるイングランドの財宝』第2章／訳17頁）という明言からも，一国の利益のみが念頭にあり，世界全体の貿易という関心はまだない。

局面のみを取り上げておこう。

　第一に，医師でもあるマンデヴィルは『蜂の寓話』（1714）の中で，ぜいたくに消費することこそ，個人の欲望と社会の豊かさを結びつける鍵だと論じた。「私悪こそ公益⁽ⁱⁱⁱ⁾」という逆説である。私有財産を正当化したロックは富を増やす手段としての勤労を重視した。同時に，ロックは，価値を貯蔵できる貨幣の存在によって，いま必要なものを超えた蓄積が可能だと気づいた。

　第二に，ヒューム等の議論を中心に，この時代に**貨幣数量説**◀Ｅの原型が用意された。すなわち，貨幣は中間段階で経済の実態に影響を与えるが，究極の状態では貨幣は真の富ではないとする考えである^(iv)。貨幣数量説の最も単純な形は，貨幣量が増えれば（雇用などの実質的な値は変わらず，名目的な）物価が同じ比率で上がるのみ，という比例命題である。

　ただし，この説は重商主義の考えと両立しない可能性もある。なぜなら，貿易黒字を狙った関税や輸出奨励金などの政策で，輸入より輸出が多くなれば，外貨（貨幣量）が増加している。貨幣数量説によれば，国内の物価が比例的に上昇するから，自国製品の価格が上昇し，輸出が不利になる（輸入が有利になる）。結果的に，貿易黒字はゼロに近づき，あるいは赤字化するかもしれない。このメカニズムはヒュームが唱える「正貨の自動調整機能^(v)」◀Ｅである。これが第三の局面であった。

　第四に，利子論や有効な需要論など，多くの論争が繰り広げられた。例えばロックは「法律によって利子の市価を効果的に引き下げようと試みるのは無駄^(vi)」と断言した。6％の法定利率が妥当かという利子論争（浜林 1996：200）において，ロックは貨幣の価格も市場に任せるべきと考えていた（早坂編 1989：17）。

　このように，重商主義の時代は多様な思想を孕みながら，徐々に経済分析が進んできた。

ステュアートの「巧妙な手」

　その頂点に立つのが「最後の重商主義者」ジェームス・ステュアートであろ

う。彼はスミスの自然的な秩序（実物の重視）に対して，人工的な秩序（貨幣の重視）を指向した。ステュアートは独立の商人・製造業者たるフリーハンズ^(vii)の存在を重視し，勤労（インダストリ）に根ざした自発的な活動こそ，高い利潤を生むと讃えた。強制的な奴隷労働（レイバー）からは解放される必要がある。しかし，彼らの活動は順調とは限らない。農業から工業・商業へ発展していく中で，ステュアートは需要や貨幣の要因を重視し，常に供給とのバランスが崩れていると認識した。失業や倒産をもたらす市場の暴力に対しては，贅沢品の購入や，国の統制がある程度は必要となる。^(viii)スミスが必需品や実物や自然の成り行きを重視したこととは対照的であった。^{(4)▶E}経済学の生誕する場面で，経済学的思考を二分するアイデアが既に出現していたことに注目しておこう。

3　重農主義における自然の秩序

　フランス（放漫財政のブルボン王朝▶H）ではコルベール財務総監による重商主義で推進されており，商業が優遇された反面，穀物の低価格政策などによって農業が犠牲になっていた。フランソワ・ケネーはこうした極端な政策を批判し，どうしたら農業大国フランスの自然な姿を取り戻せるかに苦心した。ケネーこそ，フィジオクラシー（自然の支配），あるいは重農主義を唱えたのである。

ケネーの図示
　医師でもあるケネーは，経済社会の商品や貨幣の流れを一枚の図に示すという画期的なアイデアを提出した。それが『経済表』である。ここでは富の生産・流通・分配が一望できる。本節では，最も単純化された「範式」を説明しておこう（図表4-1）。ケネーは国民を地主・農民・商工業者^(ix)という3つの階級に分け，生産ストックを前提とした経済循環（再生産）を記述する。生産を始める前に固定的にかかる支出（農具など）は**原前払い**と呼ばれ，固定資本に

（4）　有江（2019：28-29）は両者の主著の構成に注目し，スミスの場合，極めて現代的な区分（理論・歴史・政策の分離）になっていると指摘する。

相当する。生産する間に農民に支払われる支出（種子・肥料，農民の食料など）は**年前払い**と呼ばれ，流動資本と見なせる⁽⁵⁾。この資本ストックという概念も，極めて先駆的である（同時に，フロー＝流れ　との差が明らかになる）。生産が始まる前には，50（億リーヴル）の農産物と，30の貨幣が存在する（このうち20は地代として地主に，10は商工業者の元手となる）。

　図表4-2に従って，この表における6つの取引を説明しよう。

　（取引1）地主は農民から農産物10を購入し，そのまま消費しつくす。（取引2）商人は元手の貨幣で農産物10を購入し，それを10の加工品に変形する（この過程で純粋な価値の増加は起こらないと仮定する^(x)）。（取引3）商人はこの加工品を地主に売り，地主はこの加工品を消費しつくす。（取引4）商人はこの販売で得た10によって再び農産物を購入し，さらに10の加工品に変形する。（取引5）商人はさらに，この加工品10を農民に売る。

　商工業者は販売20と購入20，そして20の農産物を20の加工品に変換したことから，元手の10だけ貨幣を回収している。地主は地代の20をそれぞれの購入に充て，消費しつくすのみである。農民は販売30と購入10ゆえに，20の貨幣が余る。

　（取引6）この貨幣20はすべて地代として地主に払われる（一方的な所得移転）。農民は農作物30を販売しているが，残った農産物20と加工品10を用いて，農産物50の価値を生み出す（ケネーの言葉である「純生産物」は，農業だけに発生する^(xi)）。つまり，当初の状態と最後の状態がまったく同じとなり（図表4-3），経済活動が活発に行われているにも関わらず，同じ理想状態が持続する。

「前払い」の重要性

　ケネーの経済認識は，理想的な生産活動の循環を貨幣の含んだ形で記述した点で，極めて革新的であった。その理論からは，地代のみに課税すべき^(xii)，自由

（5）　固定資本とは，生産量がゼロであっても初期段階から必要な資本であり，建物や機械が典型例となる。流動資本は，原材料や労働力など，一定の生産期間で価値が消滅する資本である。

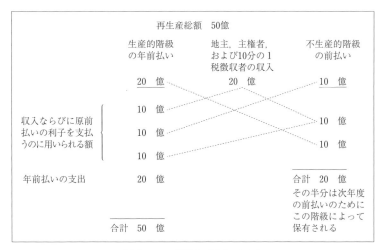

図表 4 - 1　経済表（範式：1767）

取引 1	地主○	●農民	→	地主●（→消尽）	○農民
取引 2	商人○	●農民	→	商人●（→■変形）	○農民
取引 3	商人■	○地主	→	商人○　（消尽←）	■地主
取引 4	商人○	●農民	→	商人●（→■変形）	■農民
取引 5	商人■	○農民	→	商人○	■農民
取引 6	農民○○	地主	→	農民	○○地主

（○貨幣　●農産物　■加工品）

図表 4 - 2　6 つの取引（経済表の線に対応）：→の左が取引前，右が取引後

期首状態	農民●●●●	地主○○	商人○
販売過程	農民●●●→○○○	地主ゼロ→○○	商人■■→○○
購入過程	農民○→■；○○○→ゼロ	地主○○→●■	商人○○→●●
生産過程	農民●●■→●●●●●	地主ゼロ	商人●●→■■
期末状態	農民●●●●●	地主○○	商人○

（○貨幣　●農産物　■加工品）

図表 4 - 3　三階級の販売・購入・生産の状況

貿易を推進すべき,[xⁱ] という政策が導き出される。資本ストックである「前払い」に課税すると,生産部門の元手が減ってしまい,課税前と同じ付加価値を生み出せなくなる。それを避けるには,生産活動にまったく携わっていない地主に課税するしかない。また,コルベールの重商主義がフランス農業を疲弊させたという認識から,穀物の自由な輸出を認め,**良価**＝(生産費＋一定の利潤)を実現させる必要がある。ケネーの理論・政策は,資本ストック（前払い）の維持・蓄積を指向している。

　確かに,ケネーには所得や価格という重要な変数は明示されておらず,人間の労働は背後に隠れている。商工業者が生み出す付加価値がゼロな理由は,農民のみが自然の恵みを活用して付加価値を生み出せるとケネーが確信していたからである。スミスは年々に再生産されるモノを富と認識している点,自由貿易を指向している点を大いに評価した。しかし,価値を生み出す源泉が自然の恵み（農産物）のみという考えは否定した。

　現実にはフランスにおいて,1775年にチュルゴーが財務総監に就き,ケネー学説の実践をめざした。しかし翌年,凶作などの混乱で失脚したため,重農主義の政策が長く続くことはなかった。フランスの王室に対する不満は頂点に達し,やがて1789年からのフランス革命を用意するのであった。

　ケネーの経済認識は,19世紀ではマルクスの再生産表式に大きな影響を与えた。これは社会全体の資本の流通や再生産を計算した表であり,生産と消費という2つの手段,3つに分けられた価値に基づいて,経済が解剖されている。また20世紀では,レオンチェフが産業連関表を開発した。これは投入～産出の表とも呼ばれ,生産過程で原材料なども明示して,全部門の連関を通じ,最終的な需要の生み出され方を記述した表となっている。いずれも経済循環を重視した分析であり,特に産業連関表は現在でも経済効果を推定する根拠となっている。

4　経済の把握から自然の支配へ

　重商主義と重農主義という経済に対する深い理解が進んだために,スミス以

降の学説が開花したとも考えられる。

経済全体の把握

　富とは何か，貨幣は富を増やすのか，貿易を活性化するには，正しい価格付けとは何か，経済の循環には何が必要か，贅沢か節約・勤労か，等々。いずれも経済全体を統一的に，客観的に把握する眼が養われてきた。

ケネーの現代性

　ケネーが唱えた「自然の支配」には二重の現代性がある。1 つには，経済活動の前提条件である自然・環境がどのような価値を持っているかという視点である。例えば，経済の拡大がその前提となる自然の価値を壊さないかという問題も出てくる。もう 1 つは，経済の構造を時に大まかに，時に解剖的に観察する眼が養われて，どのように自然や社会を人間が支配するのか／できるのか，という視点である。

　同一の思想から全く別方向の問題がひき出せるのも古典の持つ輝きであろう。

原　典

ケネー（2013）『経済表』平田清明・井上泰夫訳，岩波文庫。
ステュアート（1998）『経済の原理』（第 1 編・第 2 編，小林昇監訳・竹本洋ほか訳，名古屋大学出版会。
ヒューム（1967）『経済論集』田中敏弘訳，東京大学出版会。
ベーコン（1978）『ノヴム・オルガヌム』桂寿一訳，岩波文庫。
ペティ（1952）『租税貢納論』大内兵衛・松川七郎訳，岩波文庫。
ペティ（1955）『政治算術』大内兵衛・松川七郎訳，岩波文庫。
マン（1965）『外国貿易によるイングランドの財宝』渡辺源次郎訳，東京大学出版会。
マンデヴィル（2019）『新訳　蜂の寓話——私悪は公益なり』鈴木信雄訳，日本経済評論社。
ロック（1978）『ロック　利子・貨幣論』田中正司・竹本洋訳，東京大学出版会。

練習問題

問題 1
重商主義者（例えばマリーンズ，ミッセルデン，トーマス・マン）の主著を調べ，
それぞれどのような主張なのか，簡単に説明しなさい。

問題 2
「見えざる手」「巧妙な手」それぞれの内容を調べ，現代においてはどちらが有用で
あるかを議論しなさい。

問題 3
哲学者でもあるロックやヒュームが，なぜ経済思想にも造詣が深いのか，推測して
みよう。

問題 4
田植えなどの農作業の経験があるかどうか，家族・親戚に農家はいるかどうかを申
告しつつ，農産物のみが付加価値であるという信念を論評しよう。

問題 5
1789年から約10年間に注目し，フランス革命に関する簡単な年表を作ってみよう。
それぞれ節目となる事件を挙げておくこと。

問題 6
次の産業連関表は，「範式」における投入〜産出の構造を示している（三土 1993：
47）。縦方向が生産物の費用構成（投入），横方向が販路構成（産出）を示すことに
注意して，表における 2 つのゼロが何を意味しているかを調べなさい。

		中間需要		最終需要	産出計
		農　業	工　業		
中間投入	農　業	20	10＋10	10	50
	工　業	10	0	10	20
付加価値		20	0		
投入計		50	20		70

図表 4 - 4　『経済表』の産業連関表

問題7

次のフローチャート図（社会と生態系との物質代謝）を見て，「経済表」における
財の流れと貨幣の流れが（鉄道のダイヤグラムのように）交差していることを確認
しなさい（河宮 1986：71）。

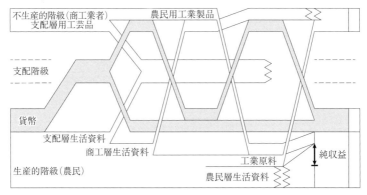

図表4-5 『経済表』のダイヤグラム

第Ⅱ部

経済学の古典的展開

第5章

経済学の生誕

──スミスの利己心と共感──

> 留め針製造の仕事が18ほどの作業に分かれている。……この10人で1日に4万8000本以上を製造できる……。しかし，10人がそれぞれ1人で働くとすれば，……おそらく1本を作ることすらできないだろう。
> スミス『国富論』（第1編第1章／山岡訳上巻8頁）
> いかに利己的であるように見えようと，人間本性の中には他人の運命に関心を持ち，他人の幸福をかけがいのないものにするといういくつかの推進力が含まれている。
> スミス『道徳感情論』（第1編第1章／高訳30頁）

--- 本章のねらい ---

　本章では，**経済学の父**と呼ばれるアダム・スミスの経済と倫理に関する考え方を学ぶ。スミスが『国富論』（諸国民の富の本質と原因に関する探求）を出版したことで，現代に直結する新分野，つまり経済学が誕生した。新しい分野の誕生とは，スミス自身は別の知的世界に所属していたことを意味する。それがスコットランド啓蒙主義である。

Keywords：スコットランド啓蒙，富と分業，生産的労働，資本蓄積，投下労働，見えざる手，利己心，共感，フェア・プレイ

1　道徳哲学の伝統

スコットランド啓蒙の伝統

　スミスはスコットランド啓蒙の影響下で，まず「修辞学」「哲学史」「法学」などを論じ，グラスゴー大学の道徳哲学・教授になってから『道徳感情論』（1759）を出版した。その後，貴族の家庭教師としてフランスに随伴したときケネーやチュルゴー等と出会い（田中 2002：67），重農主義の経済観を批判的に摂取した。同時に，イギリス本国にはびこる考えを**重商主義**と名付けて一括

りにまとめ，徹底的な批判を加えた。こうした知的な遍歴を経て，『国富論』
(1776) は執筆された。

　第2節で『国富論』の市場社会を，第3節で『道徳感情論』の市民社会を，
それぞれ描く。スミスの中では，2つの社会は一体となって商業文明を形成し
ているのであって，どちらか一方だけで成り立つわけではない。

2　『国富論』の市場社会像

　『国富論』は5編に分かれ，非常に大部な本である。一般論とそれを例証す
る歴史的叙述が多く，国の情勢を数値で簡潔に実証していくペティの精神とは
距離がある。『国富論』が世に出た頃はまさに産業革命の胎動期であったが，
その記述は工場制手工業（マニュファクチュア）に基づいており，アメリカ独立
による貿易体制の再編も問題意識として隠れている。

　以下では，『国富論』の5つの特徴から，その革新性を説明しよう。

富の定義と分業

　第一に，富の定義が斬新である。スミスにとって必需品と利便品という消費
できるモノのみが富であり，その源泉は労働（年々の生産活動）である[ⅰ]。そして
未開文明に比べれば，現在の商業文明では最下層の貧しい労働者でも十分な豊
かさがある。こうした認識は，重商主義者とルソーそれぞれに対する反論であ
ろう。まず富は金銀財宝（ストック）でなく，年々の労働の産物（フロー）であ
る。次に商業文明を不平等化の元凶と捉えたルソーに対しては，市場社会の絶
対的な物質的豊かさという答えで反論した。現代の GDP 概念[E]は，スミスの富
定義の直系である（ただし，形のないサービスに関して，スミスは軽視した）。

　第二に，分業の重要性が市場社会の根本に据えられた。スミスは『百科全
書』を含めた複数のフランス語文献に依拠して，ピン工場の具体的な工程を生
き生きと描き，独自の見解として，製造業の分業がいかに生産性を向上させる
かを描いている[ⅱ]。例えば，10人で1日に4万8000本のピン（衣服作成の必需品）

を生産できる場合でも，10人が18の工程をすべて1人でバラバラにこなすならば，1日に1本も生産できないだろう。ところが，10人がいくつかの工程を割り当てられ，それぞれその工程のみに集中して生産するならば（部分的な特化），例えば4800倍の生産性をもたらすのだ。すなわち分業の効率性である。

　こうした作業場の分業は，靴屋とパン屋などの職業分業や，産業間・国際間の分業にも当てはまる。取引したいという人間の本能（交換性向）に導かれ，交換が促進される。肉屋や酒屋はそれぞれの利己心（私利私欲）に基づいて，自らの生産物と欲しい商品とを交換する。もし市場の規模が大きければ，こうした交換や分業はますます盛んになる。

経済成長の条件

　第三に，経済成長の条件が明示化された。「ロビンソン・クルーソーの世界」は合理的な時間配分や資源配分を含んでいるが，交換すべき相手が（物語の中盤まで）いない。ケネーの世界は生産性が最大値に達している理想世界である。それゆえにいずれも経済成長の場面は含まれない。対照的に，スミスの世界では，拡大再生産を繰り返す動態的な経済社会(1)が描かれている。スミスは労働を生産的労働と不生産的労働に二分する(iii)。前者は必需品や利便品など形あるモノを生産する。後者は貴族に雇われた召使いを典型として，芸能関係・教師・法律家・政治家・公務員・軍人の労働をも含む。彼らの提供するサービス（現在では付加価値を生むと考えるのでGDPに含まれる）は労働と共に瞬時に消滅してしまい，利潤を生まず，従って資本蓄積を生まないとスミスは確信していた(2)。

　具体的な商品を製造する生産的労働では，前払いされた賃金が利潤を生む生産を先取りしている。ゆえに，（生産的労働／不生産的労働）の値を上昇させれば，つまり召使いの雇用部分を切り詰めて，工場労働者をより多く雇えば，無駄に消費されてしまう単なる所得移転ではなく，実物的なモノの拡大的な生

（1）　資本が蓄積されていく過程の図解は，北田編（2018：66）を見よ。
（2）　現在の経済全体では，「サービス」や「無形資産」が大きな役割を担っており，この点でスミスの議論は修正を余儀なくされる。

産につながるのである。これは貿易差額に関わる輸出関連産業を重視した重商主義や，農業生産物のみに利潤が発生するとした重農主義への批判となる。

　以上のように，分業の進展という質的な側面と，生産的労働者の増加という量的な側面から，経済成長の道筋が示された。

価値と価格の区分

　第四に，新しい価値・価格の区分が議論された（その複雑さゆえに，後世の経済学者が論争を繰り広げた）。スミスはケネーと同じく三階級分析を行うが，その構成員は若干異なる。労働者・資本家・地主であり，それぞれ賃金・利潤・地代を受け取る。商品の価格はこの３つの要素から成り，平均的な「自然価格」が存在する。この値では，生産に貢献した労働・資本・土地に報酬をそれぞれ支払って，ちょうど収支が釣り合う。この価格とは別に，絶えず変動する「市場価格」(市場で実際に売られている値）がある。この市場価格は，その商品が供給される量と，その商品を喜んで支払いたい人々の需要量との関係に左右される。競争が制限されている状況（独占など）を取り除けば，市場価格は常に自然価格に引き寄せられる。

　この論法は現代的な眼では，均衡理論（需要と供給の一致する点で，均衡価格と均衡取引量が定まるモデル）と解釈できる。また，ある特定のモノがどの程度役立つかを示す「使用価値」と，そのモノを所有していると別のモノがどのくらい買えるかを示す「交換価値」は，はっきりと区別される。このようにスミスは「市場」に関連して，価値・価格の区分を多層的に論じた。

　後世の大論争を招いたのが**労働価値説**という論点である。これは（金銀ではなく）労働を価値の基準として用い，商品の価値がそれを生み出した労働の価値に大きく左右されるとする説である。しかし，その内容は非常に多様であり，時に互いに両立しない。スミスは『国富論』の中で多様な説明を点在させており，その明確化こそ経済学の発展にもつながった側面すらある。最も単純なのは**投下労働価値説**であり，商品の価値が投入された労働量に比例する場合である（労働時間を２倍にすると，２倍の価値を持つ商品が生産される）。

狩猟社会とは異なり，文明社会では労働の他に土地・資本も商品の価値に貢献すると考えれば，**支配労働価値説**も視野に入ってくる。この説によれば，ある商品の価値は，その商品で購入できる他人の労働量に等しい。数値例を出せば，ある労働者が9時間働き，9000円の価値を持つ商品を生産したとする。この労働者を時給600円で雇えば，賃金は5400円で利潤は3600円となる。思考実験として他の労働者を同じ時給で雇えば，この商品の価値は15時間分の労働に相当する（9000/600＝15）。実際に働いた9時間が投下労働であり，仮説的な15時間が支配労働となる（なお，労働時間も時給も現代の日本では違法であることに注意）。労働のみで生産が完結する未開文明とは異なり，資本や土地が貢献する商業文明では，利潤や地代の存在のため，必ず，投下労働＜支配労働 となる。

見えざる手と自然の成り行き

第五に，**見えざる手**(vii)◀E に象徴される市場の効率的な機能(3)に対する信頼である。スミスは我々が豊かな生活を 享 受(きょうじゅ)できるのは，例えば肉屋・酒屋・パン屋が博愛精神を発揮したからではなく，自分たちの利益を愚直に追求したためだ(viii)と判断した。個人の幸福と社会の豊かさを結ぶ鍵が，**市場機構の自然な発展**である。例えばスミスは余った資金の投資先について，安全性を考えて，まず農業，次に製造業，最後に外国貿易という順番こそが**物事の自然な成り行き**だと見なした。この順序に抗して，外国貿易を最初から推進したり，特権商人の独占契約をしたりすることは，自然の成り行きに反する。また，自然的な自由の体系によれば，主権者が留意すべき義務はわずか3つ——暴力・侵略からの保護，厳格な司法制度の確立，公共事業の実行・維持(ix)——である。

スミスは特権商人による歪(ゆが)んだ貿易政策を批判し，自然価格に近づける市場の働きを重視する。ただし，その前提として，スミスは社会における普通の人間像を別の機会で論じていた。次節で，その社会観・個人観を理解しよう。

（3） 現在では，この機能は価格による需給の自動調整メカニズムと同一視される。

3　『道徳感情論』の市民社会像

『国富論』の世界では，各人の意図とは関係なく，自由な競争が一定の秩序（豊かさ）をもたらす。それでは，スミスは自己利益の追求をいつでも礼賛していたのだろうか。ここで『道徳感情論』の世界を思い出す必要がある。そこではどのような個人（≒経済主体，市民）が想定されていたのだろうか。

共感とフェア・プレイ

『道徳感情論』は次のような趣旨で始まる[x]。人間がどんなに利己的だとしても，他人の運不運に関心を寄せ，その言動に何らかの情感や判断が引き起こされてしまう。つまり他人を意識し，承認されたいという欲求が本能としてある。こうした人間の本性を記述する 4 つの用語を説明しておこう（水田・玉野井編 1978：48；田中 2002：47；坂本 2014：129；柳沢 2017：60）。

まず，道徳という言葉そのものである。これは「すべきこと」という狭い意味ではなく，「物質的」に対応する概念として，法や経済など社会的な関係を考慮した人間の精神的な働き全般である。スミスの特徴は，道徳哲学の議論として，社会に存在するごく普通の人間本性に光を当てたことにある。

次に，最重要の概念として，共感[xi]がある。この用語はやや特殊な使い方がなされており，同情や憐れみではなく，相手の行動の真意を何とか想像し理解しようとする心の作用である。師匠ハチソンや盟友ヒュームの議論と異なり，共感を抱くことは道徳的に肯定も否定もされない。むしろ社会に存在する人間の自然な心の働きである。

この共感という心の動きによって，自分が想像した感情や行為と，観察された他人の感情や行為がほぼ一致する場合に，適切さ（適宜性）という言葉が当てはまる。ある行為が完全に適切であると判断されるとき，初めてその行為が道徳的にも是認される。例えば，軽い冗談に激怒や暴力で応えるのは，適切さに欠ける。また，自分の筋肉を鍛えて競走に挑むのは適切だが，他人を押しの

けてレースを邪魔するのはそうではない。フェア・プレイ(xii)が要求されるのである。

　こうした共感の働きは一方的な思い込みにならないだろうか。ここで，スミスは公平な**観察者**(xiii)を設定した。想像力という人間の本性を武器に，自分と見知らぬ他人の立場を置き換えるという仮説的な観察者である。物事の原因を見抜くクールな観察眼，誰もが持つ心の中の良心と言っても良い。適切な共感・判断を抱くために，知人だとしても偏見を持たず，複雑な事情を公平に読み解ける仮説的・想像上の存在である。ある人が共感し，共感されるという社会的な交流を地道に果たせば，互いの行動はある範囲に留まり，安定した社会が期待できる。

市民社会の人間像

　理想的な人間像を設定して，全員がその戒律や倫理に従うように，という修行僧のような解決方法をスミスは採らない。むしろ「賢い人」と「弱い人」が混在していて，しかもそれぞれに社会的役割があると想定されている（堂目2008：50）。スミスは一般的な原則として，社会の正義と他人への思いやりを挙げ，正義が最初に守るべきルールであり，思いやりの行動（慈恵）(xiv)がそれを補完するとした。その上で，賢い人とは，世評（称賛や非難を受けるという現象）よりも，公平な観察者による判断を優先できる人とした。彼らは正義に叶うだけでなく思いやりも発揮し，社会に秩序をもたらす存在である。他方，弱い人とは，称賛や非難そのものを重視し，表面的な歓喜に惹かれて富や地位を目指してしまう。ただし彼らは豊かさに直結し，社会に繁栄をもたらす存在である。彼らは賢さ（ルール）で制御されなければならない存在だが，その欲望が公平な観察者にも認められるという意味で，ある範囲に留まっているならば，道徳的にも正当化され，なおかつ社会は無秩序にならない。

　『道徳感情論』は新しい商業社会（市場社会）において，新しい道徳が理想としても現状としても提示された。古代・中世以来続いてきた利己心（個人の欲望）は嫌悪すべき存在だったが，スミスはその嫌悪を和らげ，しかしフェア・

プレイや内なる公平な観察者（良心）に則った共感を重視した。やがて商業
社会は市場社会や資本主義制度に発展し，人々の生活と制度を大きく変えた。

　スミスの議論は，その中に生きる**市民**の大いなる意義と，少しの義務を論じ
たものと言えるだろう。

4　経済学の生誕から古典派の誕生へ

　『国富論』はアメリカ独立宣言の4ヶ月前に出版されたが，その独立を推進
する論理を孕んでいる。アメリカは人為的な重商主義で疲弊しているヨーロッ
パ諸国と異なり，農業から工業へ自然な順序で資本が投下されて国力を付けて
きた。ここで独立を認め，自由な貿易国として付き合うことが自然の道という
わけである。

古典派経済学の成立

　『国富論』の出版は，イギリスから経済学が体系的に花開くきっかけとなっ
た。理論面では供給面（労働価値と生産費）を重視する価格論として，市場社会
を総体として理解した。そこに参加する人々は，利己的だが他人に関心を持た
ざるを得ず，フェア・プレイも忘れない。政策面ではロック以来の私有財産制
を堅持した上で，経済的自由主義（自由貿易や反独占）を強く指向した。スミス
の体系はイギリスのみならず，産業革命の進展とともに，他のヨーロッパ諸国
に伝授されていくことになる。スミスとその後継者の学説を**古典派経済学**と呼
ぶ。

スミスの現代性

　スミスの思想は，現在まで全世界に様々な形で影響を与えている。ここでは
主な二方向だけ指摘しておこう。いずれも社会科学としての経済学の出発点を
示す。第一に，市場経済の擁護者として，市場機能の効率性を包括的に論証し
た始祖となり，資本主義社会を肯定的に捉える見方を正当化した。この側面は，

時に「スミス＝自由放任主義」という極端な見解を招く。第二に，市場経済の観察者として，哲学・倫理学・法学・政治学その他の幅広い知見から，経済を相対化する見方も提供した。共感という認識から公共の場を形成することを通じて，市場を含む社会の安定性を描く研究はその一端である。

　2つの顔を持つスミスこそ，「経済学の父」の称号にふさわしい。

原　典

スミス（2007）『国富論』上・下，山岡洋一訳，日本経済新聞出版社。
スミス（2020）『国富論』上・下，高哲男訳，講談社学術文庫。
スミス（2013）『道徳感情論』高哲男訳，講談社学術文庫。
スミス（2014）『道徳感情論』村井章子・北川知子訳，日経BP社。

練習問題

問題1
経済学がなぜイギリスで誕生したのか，スミスの生まれがカーコーディであったことに触れつつ，推測しなさい。

問題2
アダム・スミスの主著に関して，その翻訳を複数，図書館で探しなさい。2つか3つの翻訳を手に取り，書誌情報を記録した後，それぞれどのような特徴があるかを調べなさい。

問題3
「スミスの議論は資本主義の初期段階に限定される」という主張について，理由を挙げて吟味しなさい。

問題4
スコットランド啓蒙という社会運動について，なぜその時代に，誰が，何を主に論じたかを簡単に調べなさい。

問題5
農業革命から産業革命へ，というトピックを調べてみよう。

問題6

「水とダイヤモンドの逆説」に関して，①スミスの説明，②ジェヴォンズの説明
（→第10章），③現代のデジタル時代の説明を同じ図を使って説明しなさい。（ヒン
ト）②需要曲線≒限界効用，消費者余剰≒総効用　と見なす。③水≒デジタル時代
の製品（複写がほぼ無料，使用価値は莫大），GDP≒市場価格（ほぼゼロ）×取引
量　と見なす。

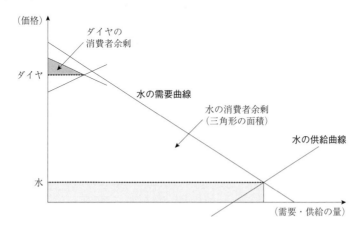

第 **6** 章

経済論争の時代

——マルサスとリカード——

> 大地の全生産物のうち，地代・利潤・賃金という名称でこの三階級のそれぞれに割り当てられる割合は，極めて大きく異なるだろう。……この分配を規定する諸法則を確定することが，経済学の主要課題である。
>
> リカード『経済学および課税の原理』（序文／訳上巻11頁）

--- **本章のねらい** ---

　本章では，スミスの学説を継いだライバル（マルサスとリカード）の経済論争を取り上げる。彼らの激しい論争は，互いの論理的な枠組みを強化し，経済学を科学として自立させる発展をもたらした。さらに，その論題は極めて現代的な示唆を含む。イギリスでは産業革命が進行する一方，フランスでは革命の内乱がやがてヨーロッパ諸国を巻き込む戦争となった。このナポレオン戦争◀Hは，貨幣的攪乱および保護関税というトピックで，2つの大きな政策論争を引き起こした。

Keywords：地金論争，穀物法，人口論，収穫逓減，差額地代，比較優位，機会費用，
　　　　　　　利潤率の低下傾向，モデル分析

1　経済論争の始まりと前提

　歴史上，経済学者がある重要な問題について，しばしば激論を闘わせる。論争はすれ違いで終わることも多いが，本章では，経済学を飛躍的に発展させた歴史的な論争を振り返る。それが，マルサスとリカードの闘いであった。第2節では，この2つの経済論争を整理する。地金論争◀E（1808～1811年）と穀物法論争（1813～1815年）である。第3節では，この論争の背景にある理論的枠組みを解説する。特に，差額地代説と比較生産費説（比較優位説）を取り上げる。

古典派の前提

　激しい経済論争ではあったが，古典派に典型的な前提条件を共有していた。特に，**収穫逓減の法則**（農業生産物を前提に，投入量が増えると産出量の増加分が減っていくこと），人口法則，賃金の生存費説の 3 つは重要である。

　ここで人口法則とは，マルサスが『人口論』（初版1798，二版1803）で確立した原理である。そこでは(1)人間の生存には食糧が必要，(2)性欲など人間の情欲は不変，という二公準を大前提として，①人口は（妨げがなければ）等比数列的に増加する（一世代25年ごとに，1 → 2 → 4 → 8 → 16倍となる），②食糧は等差数列的にしか増加しない（1 → 2 → 3 → 4 → 5）という 2 つの経験則が打ち出された。その上でマルサスは，(ⅰ)人口は食糧がなければ増加できない，(ⅱ)食糧があれば人口はひたすら増加する，(ⅲ)人口増加の圧力を制限すれば，必ず貧困や不道徳を生む，という「人口の三命題」を確信した。

様々な限界

　こうした一連の法則からわかるのは，死亡率の上昇（戦争・飢饉・疫病）か出生率の下落（晩婚・避妊・中絶）によって，かろうじて人口・食糧における増加率のバランスが保たれる現実社会の冷徹さである。つまり餓死・疾病・早死・貧困は，フランス革命の推進者が説くような社会改革で解決できる事例ではなく，人間の本性と食糧生産の限界に裏打ちされた必然的結果なのである。

2　地金論争と穀物法論争

19世紀初頭，古典派経済学を大きく発展させた 2 つの経済論争があった。

（ 1 ）　両者は「直接的制限」と「予防的制限」と呼ばれる。第二版以降は，両者に加えて「道徳的抑制」（禁欲を伴う結婚の延期）が追加された。美濃口（1990：93）。

地金論争

　第一に地金論争である。1797年，ヨーロッパ大陸の政情不安から各国通貨を金に交換する動きが加速した。特にイギリスでは兌換停止後，不換紙幣の濫発によって激しいインフレーションが発生した。リカードは貨幣数量説の立場から，イングランド銀行が通貨供給量を制御すべきだと論じた。金と言えども，投下された労働によってその価格が決定されるべきで（投下労働価値説），不換紙幣（金の裏付けなく発行されてしまう紙幣）によって金の本来の価値とかけ離れた通貨が出現してはならない。この見解はソーントン等の賛同を得て，地金主義と呼ばれた。他方，イングランド銀行は通貨供給量を制御することはできないという反地金主義と対立した。

　地金委員会の報告書ではリカードの立場が堅持され，現実にも金本位制が法的に確立するなど，兌換紙幣による制御が進んだ。しかし，その後も恐慌がたびたび発生したので，不況の原因と対策をめぐって，両者の考えは常に対立した。この論争は形を変えて，20世紀，21世紀にも繰り返される論点である。貨幣の重要性はどの立場も熟知しているが，貨幣的現象（インフレやデフレなど）を実物的な力によってどのように制御すべきか，人々の期待をどのように組み込むか，などで見解は大きく分かれている。

穀物法論争

　第二に穀物法論争である。英仏両国による大陸封鎖（自由な貿易の妨害）がきっかけである。戦争によって途絶えていた貿易が再開されると，フランス産の

（2）　ここでは，貨幣供給量が2倍・3倍に増えると，物価が比例的に増大するという長期の比例命題を指す。

（3）　その起源は，ジョン・ロー等による「真正手形主義」にある。現在では，ポスト・ケインジアンの「内生的貨幣供給論」（民間の貨幣需要に受動的に反応して，中央銀行は貨幣を供給しているだけ）に受け継がれている。

（4）　やがて1830-40年代，地金主義は通貨学派，反地金主義は銀行学派に衣替えして，激しい論争を繰り返した。この論争は，前者の立場（リカードの方向性）で決着したピール銀行条例（1844）の制定まで続いた。

良質な小麦がイギリスでも再び人気を博すだろう。そこで安い小麦を輸入禁止にしたり，関税をかけたりすることで，地主の利益を確保するために，穀物法が1815年に制定された。これは１クォーター当たり80シリング未満の穀物は輸入禁止（詳細は時代によって変動）とする法律である（美濃口 1989：2）。この法律を巡って，マルサスとリカードは論戦を展開した。

　マルサスによれば，地代の増加は，地主の不生産的消費（ぜいたく）を通じて，富の増加を期待できる。穀物価格が下落してしまうと，地主を含む農業関係者の収入減を通じて，工業生産物を含む全般的な需要（有効的な需要）が減少してしまう。過剰生産の可能性である。所得や需要の下落が経済全体に悪影響を及ぼす。言わば，商品価格が一様に下がってしまうというデフレーションの重視である。それゆえ，穀物法は必要悪となり，規制による猶予がある間に，農業・工業の均等発展が期待される（美濃口 1989：6）のである[(5)]。結果的に，地主の利益を代弁しているとも言える。安全は富よりも大事（食糧を海外に依存させることの危険性）という判断であった。

自由貿易の推進

　リカードによれば，地代の増加は，劣等地を耕作することにより利潤が低下することを伴ってしまう。他方，穀物法の撤廃から穀物価格が下落すれば，名目賃金が同様に引き下げられるので，利潤が増大する。そうすれば資本蓄積から雇用の拡大が見込める。ここで商品価格がほぼ一定である（井上 2004：57）。なぜなら，その価格は投下した労働によって定まっている定数だからである。結果的に，産業資本家の利益を代弁することになるが，自由貿易によって長期的利潤率の低下傾向を何とか防ごうとする意図もあった。リカードは自由貿易による相互依存こそ，安全な穀物を供給できる手段と考えた。

（5）　服部（2017：437）によれば，マルサスは需給原則による一般的な利益を理解していたが，経済学を越える「得策」かどうかの領域を重視して穀物の意義を考えた。

3　差額地代説と比較優位説

こうした論争を通じて，両者とも経済現象を体系的にまとめることが可能になった。リカードは『経済学および課税の原理』(1817)，マルサスは『経済学原理』(1820) をそれぞれ相次いで出版した。

リカードの分配問題

リカードの課題は，①年々の生産物が三階級（地主・資本家・労働者）にいかに地代・利潤・賃金として分配されるか（短期），②資本蓄積に伴って，その分配がどのような傾向を見せるか（長期），に大別される。

　三階級の分配は，地代の発生から考察を始めるとわかりやすい。ビール醸造業者，ウィスキー蒸留業者，染色業者は，その生産に水と空気を絶えず使用するが，無限・均質という性質のため，水や空気に使用料を支払うことはほぼない。他方，土地は有限で均質でないため，その使用は有料である。一等地から100クォーター，二等地からは90クォーターの純生産物が生まれると仮定する。両方の土地に同量の資本と労働を投下させている資本家は，一等地には両者の差額（10クォーター）を一等地の地主に払っても，同じ利潤を確保できる。さらに開墾が進み，三等地から80クォーターの純生産物が生まれれば，一等地の地代は20，二等地は10にかさ上げされる。このように，土地の肥沃度の差異から地代の発生を説明することを，差額地代説を呼ぶ。ここには土地の有限性，農産物の収穫逓減性が組み込まれている。

（6）　資本家間の競争ゆえに，経済全体で利潤率は均等になる。図表6－1では，最劣等地で定まった利潤率が全体に適用されている。また，最劣等地で借り手のない土地が存在する場合，地主間でも競争があるため，地代はゼロに至るまで引き下げられていく。喜多見・水田編（2012：50），柳沢（2017：97）を参照。

（7）　1870年代の限界革命を準備するという意味で，先駆的な分析方法である。

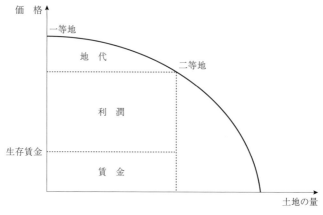

図表6‐1　差額地代説（短期）

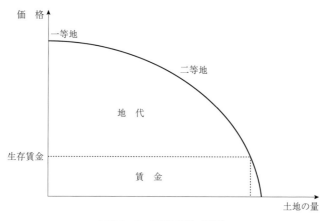

図表6‐2　差額地代説（長期）

分配の短期と長期

図表6‐1は，生産物の価値がどのように分配されるかを示している。一等地と二等地の肥沃度の差で，地代が発生する。古典派の仮定から，生存に最低限必要な賃金が労働者に支払われる。残りが利潤である。図表6‐2は，資本蓄積が進み，土地の開墾がさらに極限まで進んだ状態を示す。生存費賃金とし

	ラシャ	ワイン
イギリス	100	120
ポルトガル	90	80

図表6‑3 二国二財モデル（労働時間）

	ラシャ	ワイン
イギリス	100/120＝5/6	120/100＝6/5
ポルトガル	90/80＝9/8	80/90＝8/9

図表6‑4 二国二財モデル（機会費用）

て一定金額が割り当てられ，劣等地の開墾で地代に帰属する分が増えていく結果，利潤がますます縮小し，最後にはゼロになる可能性すらある。「利潤の自然的傾向は低下することにある」。スミスの楽観的な成長論とは対照的である。ここで穀物法を廃止して，劣等地への耕作を食い止めれば，利潤率低下の速度を緩めることが可能になる。

　穀物法を廃止する根拠はもう1つある。比較生産費（優位）説である。一国における商品の価値は投下された労働によって測られるのだが，外国貿易については，資本・労働の移動が困難なため，特殊な理論が必要である（馬渡1997：105）。以下では，リカードが提示した二国の名称と二財の生産時間に基づいて，J. S. ミルや20世紀の経済学者が発展させた「変形解釈」によって説明する。図表6‑3のように，一定量（例：1単位）のラシャ（毛織物）をイギリスで生産するのに，1年間で100人，ワインならば120人の労働を必要だと仮定する。同様にポルトガルでは，ラシャ90人，ワイン80人とする（二国二財モデル）。表を縦方向で見れば，いずれの財も少ない労働で同量の生産が可能なので，ポルトガルは絶対優位にある。ではポルトガルが，ラシャもワインも市場を独占してしまうのだろうか。

（8）　資本蓄積によって労働需要が増加すると，穀物の価格が上がる傾向にあり，賃金の生存費も上昇する傾向にある。

（9）　経済学が社会の物質代謝過程を全体として捉える限り，労働力の再生産を可能にする食糧，中でも穀物は「最重要な位置を占める」（服部 2017：12）。

（10）　リカード自身はこの一定量の大きさを明言していない。田淵・久松（2018）によれば，変形解釈（貿易以前の状況を労働投入係数で測るモデル）とは異なり，リカード自身は特定量のワインとラシャが既に交易されている状態を想定していた。比較優位説の発見者に関わる論点だが，ここでは深入りしない。

そうならない。図表6-3を横方向で見ると，イギリスは相対的にラシャの生産が得意であり，ポルトガルはワインを効率的に生産できる。ちょうど得意な財が異なるので，ここで貿易が発生する可能性がある。互いに得意な分野に特化（その財だけを生産すること）し，ある価格帯で交換すれば良い。ここで，図表6-4における5/6（＝100/120）とは，1単位のラシャを生産するのに，犠牲にしなければならないワインの量である[11]。これは機会費用とも言える[12]。もしポルトガルが，ラシャ1単位で5/6単位以上のワインとの交換に応じれば，イギリスは自国でワインを生産するよりも，貿易によってワインを獲得した方が得となる。同様に，ポルトガルにとって，ワイン1単位は8/9単位以上のラシャと交換されなければならない。

　ラシャとワインの相対価格は，上記の条件から

$$\frac{9}{8} > 相対価格 > \frac{5}{6}$$

の範囲に留まるならば，両国に貿易利益が発生する。いま，この式を満たすように，ラシャとワインの絶対価格を同一にして，相対価格＝1と仮定する。この時，イギリスでは，100人のラシャ1単位で，自国では120人かかったはずのワイン1単位を獲得できる。20人節約されているので，その分を別の生産に振り向けることができる。同様に，ポルトガルでは10人（＝90−80）の節約が可能である。このように，比較優位の状況が存在し，得意な財の生産に特化してそれらを互いに交換すれば，双方に利益が出る。これこそ自由貿易を支える理論的根拠となる[13]。これら一連の学説を比較生産費説と呼ぶ。

---

(11)　いま100人の労働力があって，それをラシャに振り分ければ1単位生産できるが，ワインに振り分ければ1単位よりは少ない量しか生産できない（1単位には120人必要だから）。ある労働者が，毛織物とワインのどちらでもすぐに生産できると仮定されている。

(12)　実際には支出していないが，もし別の選択をしたと仮定した場合に生じたであろう利益を考慮に入れたコスト。

　他方，マルサスは需要側や所得側も重視した。需要は単なる大小関係ではなく，その強度（需要したいという能力・意志の強さ）で測る必要がある。生産力に比例して富が継続的に生まれるためには，適切な有効的需要（生産の継続を刺激するだけの需要の強度）が必要となる。また，「生産物の価値が下落する時は，それと同じ分量の労働を購買する能力と意志とが減少するに違いない」とも述べ，デフレの悪影響も重視された。

4　古典派の発展

モデル分析の祖

　リカードの登場で，経済学は新しい段階に飛躍した。すなわち，社会現象をメカニカルに眺め，単純な因果関係（特に，投入と産出）を見据えた**モデル分析**の始祖となったことである。ここに抽象化による推論が開花し，ペティの数量的把握，スミスの歴史的叙述に続く，経済学の基本的発想が用意された。マルサスは生涯の好敵手として，やや異端的な考えを秘めながら，むしろ古典派全体の論理を強靱にさせる役割を担った。

対照的な長期的視野

　ただし，同じ古典派経済学でも，スミスとこの両人の長期的視野は異なる。スミスは特化や分業（ピン工場の典型例）によって効率的な生産が可能になり，経済成長が続く楽観的な未来を示唆していた。他方，リカードやマルサスは，生産力の圧倒的な拡大とともに，それがもたらす混乱や攪乱にも気づいており，

---

(13)　生産性の上昇率が異なる動態的場面には合わない，交換価値・交換量を一意的に決定できない（後に J. S. ミルやマーシャルが解決），収穫不変が想定され，部分特化が説明できない，などの欠点も持つ（馬渡 1997：107）。

(14)　一般的な供給過剰が発生する予測を高く見積もり，需要の強度や，特にデフレ下での所得縮小の役割を重視すること。渡会（1993：134）を参照。

(15)　生産量が拡大するにつれて費用が減少する「収穫逓増」の状態を描いているとも見なせる（ウォルシュ 2020：97）。

むしろ利潤率の長期的下落傾向など，悲観的な見通しに囚われていた。後に「陰鬱な科学」⁽¹⁶⁾として人々が囃し立てる側面である。

　こうした悲観的な見通しを次の世代がどのように克服するのか，次章以降で考えていこう。

原　　典

マルサス（1968）『経済学原理』上・下，小林時三郎訳，岩波文庫。

マルサス（1977）『経済学における諸定義』玉野井芳郎訳，岩波文庫。

マルサス（2011）『人口論』斉藤悦則訳，光文社古典新訳文庫。

リカードウ（1987）『経済学および課税の原理』上・下，羽鳥卓也・吉澤芳樹訳，岩波文庫。

練習問題

問題1

フランス革命からナポレオンの敗戦まで，年表風にまとめなさい。また，その中の出来事がどのようにイギリスに影響を与えたのか述べなさい。

問題2

「スピーナムランド制度」と「団結禁止法」Combination Acts について百科事典などで調べ，近接する時期になぜこのような制度・法律が制定されたのか，フランス革命の影響も考えて推測しなさい。

問題3

マルサスの『人口論』について，初版とその後の版で，決定的に何が異なるのか，2点以上挙げなさい。

問題4

リカードの比較優位説において，もしポルトガルのワイン生産が100人必要であっ

---

(16)　文明批評家のカーライルが用いた言葉。人間の秩序を作ってきた高貴なる者（統治者）の意志や伝統を無視し，需給というメカニズムだけで社会を理解することに対する嘲りを含む。カーライル自身は高貴なる意志に奴隷制の肯定も含めていたが，そうした本人の意図とは別に，古典派経済学が共有する無慈悲さ（人口論），計算高さ（功利主義），長期の見通し（利潤率の低下傾向）などは，人々の反感を買ったと考えられる。

たら，どのようなことになるのか，その帰結を述べなさい。

問題5
ケインズがリカードではなく，マルサスを非常に評価したのはなぜか，両者の類似
点などから推測しなさい。

第7章

古典派の集大成

――J. S. ミルと社会改良――

> これから先しばらくの間，経済学者が取り扱うべき主な主
> 題は，私有財産制と個人の競争とに基づく社会が，どのよう
> な条件で存続・発展するかということである。また主な目標
> は，人間の進歩の現段階では私有財産制を顚覆せず，それを
> 改良して，この制度の恩恵を社会の全員に与えることである。
>
> ミル『経済学原理』（第2編第2章三／訳二巻51頁）

本章のねらい

　本章では，古典派経済学を完成させた J. S. ミルの体系を取り上げる。ミル
は哲学者として，功利主義・論理学・自由論を論じ，社会改良家・政治家とし
てアイルランド問題・女性解放論・代表政治論・インド問題などを論じた。ロ
マン主義・社会主義・社会学などを吸収し，知性と感情の均整によって「精神
の危機」を脱するなど，異質の思想を取り込み，新しい時代の息吹を準備した。
まさに古典派の完成と終焉の場に相応しい活躍である。

Keywords：販路説，陰鬱な科学，賃金基金説，可変的な分配，定常状態，協同組合

1　折衷と刷新

セーの販路説

　本論の前に，古典派の要である「販路説」を説明しておこう。この説はフラ
ンスのセーが『経済学概論』（1803）などで唱えたもので，J. S. ミルの父ジェー
ムス・ミル等によってイギリスで普及した。「生産を完了した生産物は，まさ
にその瞬間に，その価値の全額だけ，他の生産物に対する販路を提供する」，
あるいは「生産物に対して，販路を開くのは生産である」と表現される。その
内実は，貨幣が単なる媒介手段であり，「作ったモノは必ず売れる（生産＝消
費）」，需給の不一致は企業家の市場対応能力で解消できる（田中編 1997：123），

69

という想定である。古典派経済学に新風を吹き込んだミルではあるが，販路説は堅持していた。

　第2節では，当時の経済学の状況を略述した後，ミルがどの点で古典派を受け継ぎ，刷新したのかを説明する。第3節では労働者階級の進歩という話題で，資本主義社会の未来を論じる。

2　経済学の目的・定義と分配論

　ミルは他分野に通暁していたせいか，危機感を秘めて経済学を外側から眺め，その方法論を明示した。主著『経済学原理』（1848）の副題「社会哲学へのいくつかの応用と共に」で明らかなように，社会科学の一部として，富の生産に関連する社会現象の法則を捉えたものを経済学と定義している。また，歴史的考察と論理的操作を混合して用いること，あるいは「原理と応用の結合」[ⅱ]も意識されている。さらに，快苦の計算を自動的に行う機械としての人間ではなく，理想を秘めた社会進歩を目指す人間像がある。

社会の矛盾と経済学

　ミル経済学の背景にあるのは，ラダイト運動 Luddite（1810年代）やチャーティスト運動（1830年代）に代表されるように，労働運動が非常に激化し，貧困問題を直視しなければならない状況であった。多くの人は古典派経済学に対して「陰鬱な科学」であると認定しており，社会に矛盾が溢れ，スミスの楽観主義が完全に崩壊していた。社会主義は私有財産制そのものを攻撃していた。こうした経済学をめぐる困難に立ち向かったのがミルであり，古典派経済学の硬直した三階級分析ではなく，将来に希望が持てるような思想が渇望されていた。ミルは古典派経済学から生産論を始め，多くの知見を受け継ぎ，なお経済学批判を正面から受け止める必要があった。『経済学原理』は，生産論・分配

（1）　貨幣が交換手段に限られると，それ自体を求めて保有することはない。この世界では貯蓄は同時に投資（証券の購入）となる。この投資は将来の消費を準備する。

論・交換論という静態（均衡）を扱う部分と，動態（運動）を扱う部分に分かれる。最後に，これらの原理を応用する政策論もある。

ミル経済学の特徴は，生産の法則と分配の法則を切り離したことである（リカードとマルサスは強調点は異なるとはいえ，両法則の密接な関連を当然視していた）。前者は物的な性質を持ち，人間の力で変えられるものではない。究極的には，農業における収穫逓減の法則が貫いている。生産の法則に関する象徴が賃金基金説——実質賃金は，賃金基金と人口（≒労働供給量）によって決定されるという考え——である。農業生産が前提とされており，資本のうち，賃金に向かう前払いの部分（賃金基金）が一定と仮定するから，この賃金基金を人口で割ると一人当たりの賃金率が算出されることになる。この説によれば，労働組合が人為的に賃金を引き上げても，失業が増えるのみという結論を生む。

人為的な分配問題

それに対して，富の分配は「もっぱら人為的制度上の問題」であり，人間が変更できる。リカードの分配論が，一定の分け前を三階級にいかに分けるかというパイの切り分け問題だったのに対して，ミルの分配論は，この分け前自体が所有権という制度いかんによって変動する性質を持つ。台頭していた社会主義思想を念頭に，最善の共産制と，理想的な私有財産制を比較すべきだが，どちらも理想的な状態は存在したことがない。ゆえに，どちらが優れているかは将来に委ねるべきであり，現行制度の改良に専念すべきだという折衷的な結論をミルは掲げた。

特に，賃金と利潤の関係を取り上げておこう。リカードにおいては，賃金と利潤は完全に相反し（ゼロ・サムゲーム），どちらかの上昇は他方の下落を意味した。しかしミルは，労働生産性や穀物（労働者の生活を左右する基本的な財）の生産費も考慮に入れて，実質賃金率が高くても労働の費用が低くなりうるので，

（2）　完全雇用を仮定。この結論はミルの高賃金論と合わないので，賃金基金説を撤回（あるいは修正）すべきかどうかの論争が晩年にあった。馬渡（1997：137-138）と根岸（1997：84）を見よ。

利潤が高いままである可能性を指摘した。これは労働者と資本家の対立ではなく，調和を理論的に裏付けたものと言える。

交換論と貨幣論

交換論では，実物的な価値論や貨幣・信用・外国為替など様々なトピックが論じられる。ミルの特徴は，リカード等において顕著であった価値の生産費説（労働価値説，供給側）をかなり薄め，需給均衡論を広く採用していることである。「需要量と供給量は，等しくなるであろう。……もしある瞬間に等しくなかった場合は，競争が需給を均等化する。均等化する方法は，価値（価格）の調整による方法である」。後にジェヴォンズが効用価値説で古典派を徹底的に批判することを 鑑 みれば，この面でもミルは過渡期の人物となる。

貨幣や信用については，経済を撹乱する事態も指摘されるが，総じて，貨幣や信用による社会的利益が指摘される。その裏返しであるが，たとえ恐慌が起こったとしても，（セーおよび父ミルに追随して）商品の一般的な供給過剰は引き起こさないという確信がある。セーの販路説を信奉しているという点でも，古典派に共通の枠組みに留まっていることがわかる。

3　定常状態と協同組合

ミルはコント社会学の区分を取り入れて，静態と動態を区別した。後者において，資本主義社会の長期的傾向が論じられた。その傾向はリカードと同じく，人口・資本の増加，農業の改良によって社会が進歩すると，地代が増え，労働者の生活資料の費用が増大し，利潤が下落する傾向にある。資本と富が停止した状態を**定常状態**と名付けた場合，大部分の論者と異なり，ミルはこの状態をむしろ歓迎する。その理由は4つある。

定常状態の望ましさ

第一に，成長を支える出世主義は 醜 いからである。「今日の社会生活の特徴

となっているものは，人を踏みにじり，押しつぶし，押し分け，追い迫ること」は貧しい国の常態であり，文明の途上で必要な段階であることは否めない。しかし，その先の段階では，「良き分配」および「厳密な人口の制限」が必要となる。

　第二に，人口の過密化は有害だからである。「ときおり一人でいるという意味の孤独は，思索と人格を深めるには必須であり，自然の美観壮観を前にした孤独は，ある思索 thoughts と精神の高揚 aspirations ——この両者は個人にとって良きものであるだけでなく，社会にとってもないと困るもの——をもたらす揺籃である」。

　第三に，成長は自然を破壊するからである。ある種の自然要因（鉱物資源，漁業資源，水・空気・風）は有限である。人間の食糧のために花咲く未開地や天然の牧場が荒らされ，家畜以外は人間と食糧を争う敵として根絶され，品質改良の名において生垣・雑草・灌木・野花はすべて根絶されてしまう。このような環境破壊は好ましくない。

　第四に，資本と人口が停止した状態の方が，精神的文化や道徳的進歩の余地があり，さらに人間的技術が改善される可能性が大きくなる。立身栄達のためではなく，純粋に知的好奇心から知識・技術が進歩する。「産業上の改良が，ひとり富の増大という目的のみに奉仕することを止めて，労働を節約させるという本来の効果を生むようになる」。

幸福の増進

　ミルは定常状態に備えるために，次の対応策を考えている。まず個人の人格陶冶は，良き分配を可能にする。豊かな国とは，単に富裕が社会に行き渡っているだけでなく，より多くの労働者の知能・教育・独立心（自由）が増進された状態である。次に，女性の社会進出による自由の確保と過剰人口の是正である。今までは女性が妻・母の地位に押し込められていたため，男性への隷従および過剰な人口が発生していた。「女性の隷従を強制しないようにすること，これが正義の要求する最小限の事柄である。ある職業に就こうとする女性は，

その職業に就かせるのが良い^(xiv)」。最後に，資源の有限性を認識した上で，良き（公平な）分配に集中する。その際，勤労の誘因を損なわないように再分配することが肝要となる^(xv)。

「ともいき」の思想

こうした理想状態を実現する1つの手段が，共生組織——すなわち協同組合^{◀H}である。ここでは公共精神・寛容・正義・平等など，利害の対立ではなく，利害の結合 association が育まれる。この組織は二段階で発展する。まず，資本家は温存されるが，労働者と協同で，その貢献に比例して利潤からいくらかを（通常の賃金に加えて）与えるという段階がある。両者間の利潤シェア^{◀E}という考えである。次に，雇用〜被雇用という関係が徐々に排され，ついには労働者自らが資本を集団的に所有する段階になる。自ら選任し罷免しうる経営者の元で，労働が行われる。ただし，仕事量の多寡とは無関係に賃金を平等にした初期の社会主義的実験は，すべて廃止に追い込まれた。そこで，「各人に生存に十分な，ある一定の最低限度を支給した後，それ以上の報酬一切はなされた仕事に応じて分配^(xvi)」するという工夫が，制度の永続性を担保する。社会的な公正と経済的な効率を同時に追求する姿勢と言えるだろう。

4　古典派の終焉

ミルの死去によって古典派経済学は終結した。経済学に向けられた冷ややかな眼を払拭するために，ミルは隣接領域を組み込むことで，清廉さを保とうとした。農業経済の重視（収穫逓減，前払い，人口法則）は堅持しながら，経済的拡張（量）から社会的進歩（質）へ，快苦の機械的計算から人格陶冶へ，地主・資本家の利害から労働者の生活向上へ，労働価値から需給交換へ，その内実は変容を遂げていた。

ミルの生涯は，民主主義と資本主義の変容に合わせて，伝統と革新の混合に彩られていたと言えるだろう。

原　典

セイ（1926/1929）『ジャン　バティスト　セイ　經濟學』（経済学概論）上・下，
　増井幸雄訳，岩波書店。
ミル（1959～1963）『経済学原理』一～五，末永茂喜訳，岩波文庫。

練習問題

問題 1

ミルの「精神の危機」について，その原因と結果を調べなさい。幼児期の教育，そ
れまでに交流した人物（学派），ハリエット・テイラーとの挿話も漏らさないこと。

問題 2

少数派の権利，女性の社会進出，経済の拡大と環境破壊など，現代的な課題を絡め
て，ミルの先駆性および時代の制約について，自由に論じなさい。

問題 3

賃金基金説を図示しながら解説せよ。どのような前提があるのか。

問題 4

ミルの政策論について，「自由放任主義が一般的原則である[xvii]」とは，いかなる意味
か。経済的介入の余地があるかどうか，深貝（1993）などを参考に，自由に述べな
さい。

問題 5

「地域振興券」「ロースクール」「大学院重点化」などのキーワードを調べ，「セー法
則」が現代でも有効かどうかを考察しなさい。また，この法則と解釈できる他の実
例も挙げなさい。

第8章

反古典派の潮流

——遅れてきたフランス・ドイツ——

> 富をつくり出す力［生産力］は，富そのものより無限に重
> 要である。／……経済的な面では，諸国民は次のような発展
> 段階を通りすぎなければならない。すなわち，原始的未開状
> 態—牧畜状態—農業状態—農・工業状態—農・工・商業状態
> である。
>
> リスト『経済学の国民的体系』
> （第2編第12章，15章／訳197，240頁）

本章のねらい

スミスから発展した古典派経済学は，そのまま完全な同意を得たわけではな
い。むしろ様々な批判を通じて，その論理がより強固になっていった。本章で
は，まずフランスとドイツからの批判を取り上げよう。次章ではマルクスを筆
頭として，さらなる根源的な批判を論じる。

Keywords：一般的供給過剰，円環運動，市場の梗塞，生産力，発展段階，方法論争，
社会政策学会

1　反古典派という潮流

フランス・ドイツの論陣

本章では，古典派経済学に対する批判のうち，フランスとドイツからの論陣
を紹介する。考察する時期は，19世紀である。フランス（シスモンディ）から
は，モノの売れ残りは一般的に起こりうるのかという論点（市場論争）であり，
ドイツ（リスト等）からは，自由貿易がどんな場合でも利益があるのかという
論点（保護関税の是非）が提出される。

以下の第2節では，社会経済学の祖でもあるシスモンディの批判を取り上げ，
フランス経済思想の伝統にも触れる。第3節では後進国ドイツのリストによる

自由貿易批判を説明する。第4節ではリストの後継者たるドイツの歴史学派について論じ，経済の発展段階を中心に，個別具体的な歴史研究の重要性が主張されたことを説明する。いずれも，高度に発達した古典派経済学の妥当性について，厳しい批判の眼が向けられていた。

2　シスモンディとフランスの伝統

市場論争

第6章で論じた経済論争は，実はイギリス国内に留まらず，英仏両国にまたがる学術交流も含んでいた(1)。それがナポレオン戦争後の恐慌の原因をめぐる市場論争（1819年頃）である。**一般的供給過剰** general glut という概念が鍵である。経済全体での供給過剰が起こりうるのか，もし起こるとしたら原因は何か，という点が論争となった。すなわちセーの販路説の是非である。リカードとセーは販路説の肯定側に，マルサスとシスモンディは否定側に立った。

セーとシスモンディは当初，スミス経済学をフランスに紹介する役割を果たしたが，やがて各々の洞察を深め，フランス経済思想(2)——経済循環の重視，企業者の独立した地位，悦楽など主観的要因の重視など（喜多見・水田編 2012：92）——とも言うべき姿を見せた。セーの販路説がイギリスに逆輸入され，シスモンディの社会経済学が後世に影響力を残すなど，単なる紹介者に留まらない独自性は銘記すべきだろう。

円環運動とバランス

シスモンディはスミス経済学を継承する構えを見せるが，恐慌の激しい爪痕や，労働者の過酷な困窮状態を視野に入れ，その根本原因の考察を深める。そ

（1）　セー『恐慌に関する書簡』は，マルサス・リカード・トゥック（銀行学派）の往復書簡を紹介している。
（2）　カンティロン『商業試論』も重要である。彼は生産・貨幣のフロー循環や企業家に注目した（馬渡 1997：50）。

れが後期の主著『経済学新原理』(1819) である。最も独創的な部分は，経済の円環運動とされる循環プロセスである。これは　生産→所得→支出→消費→再生産　という形で描かれた因果の連鎖である^(ⅰ)。シスモンディは「消費による生産の，また所得による支出の逆決定」(中宮 2005：74) という章題を用い，完全な素早い消費が常により大きな再生産を決定するならば，国富は増大すると主張した。彼は各要素・各段階の「比例」という言葉を用いているが，その真意は「均衡」(需要と供給のバランス) に近い。経済活動が次の経済活動を呼び込む時，その間にバランスが取れている必要がある。

　しかし，バランスは往々にして崩れる。もし所得が生産物すべてを購入しなければ，「その生産物の一部は売れ残り，生産者の倉庫を塞ぎ，彼らの資本を麻痺させ，その生産は停止するであろう^(ⅱ)」。これが「市場の梗塞^{◀E}」である。その原因は，供給面からは市場規模の予測不可能性と過当競争による供給過剰，需要面からは貧富の格差による甚だしい過少消費などである。

　シスモンディは単に生産と消費のバランスだけでなく，人口・資本・貯蓄などのバランスも考慮した。それぞれ，ちょうど車の両輪が同じスピードで回転していれば安定的に直進できるのと同じように，調和ある成長が可能となる。しかし，フランスの現実では，分業と機械によって生産は増加するが，国内市場の狭さゆえに労働者は失業し困窮している。こうした各部門間の不均衡は，保護的な権力による介入を必要とする^(ⅲ)。このように，スミス『国富論』の継承から始まったものの，時代の変容 (恐慌の発生など) を受けて，その内実・結論が結果的に大きく異なることになった。

　その他，フランス経済思想の伝統は，数理的考察 (デュピュイ，クールノー)，企業家 (カンティロン，セー，ワルラス) や社会経済学 (シスモンディ) への注目など，イギリスの伝統とは異なる重点を持っていた。経済学の歴史でイギリス一辺倒にならない配慮は必要だが，ここではその指摘だけに留めておこう。

3　リストと関税同盟

分裂国家・ドイツ

リストが生まれた頃のドイツは，度量衡も通貨も統一されていない小国家群の烏合であった。ナポレオンが神聖ローマ帝国を実質的も滅亡させ，ドイツを占領すると，北部の大国プロイセンを中心に国家統一の機運が高まってきた。その経済的統合の象徴が，1834年のドイツ関税同盟である。エルベ河東部では，ユンカー（大土地所有の保守的貴族）が農民を酷使して，安価な穀物をイギリスに輸出していた。他方，その西部ではようやく工業力が発展しつつあった。リストはその両側を観察し，「自由貿易への対抗」という意識で，国内の保守層にもイギリスにも対峙することになった。

リストの「生産力」

リストは主著『経済学の国民的体系』（1841）で，スミス以来の経済学をコスモポリタン（時空を越えた普遍性）の学説として退ける。スミスはあまりに普遍主義・物質主義・個人主義に囚われていて，国ごとに発展段階が異なるという歴史的な時代認識に足りない。歴史的には，①未開→②牧畜→③農業→④農・工業→⑤農・工・商業という具合に発展が期待され，ドイツはようやく③から④に移行中である。この段階でイギリスから安価で高性能の工業製品が輸入されると，ドイツの幼稚産業は壊滅してしまう。それゆえ，自由貿易の政策がいつでもどこでも正しいわけではない。

リストは，スミスが物質の交換ばかりに目を向けていることも批判する。富それ自体より**生産力**，つまり富を創り出す力がドイツには求められている。「富を創り出す力は，それゆえ富そのものよりも無限に重要である」。これは社会経済的基盤（インフラ）だけでなく，貨幣や度量衡の統一という制度の整備，

（3）　哲学的には，カント→フィヒテ「ドイツ国民に告ぐ」（1808）→ヘーゲルと続く流れである。

契約遵守の精神涵養，発見・発明・改良・努力の堆積など肉体的・精神的な
鍛錬も含む。つまり，自然資源・経済基盤・社会制度・人間精神すべてを含む[(4)]
のが生産力なのであった。

　こうしてリストは，後進国ドイツの発展段階に合わせた経済学の必要性を説
いたのである。こうした観点は，市民革命・産業革命をいちはやく経験したイ
ギリスからは生まれにくい。

4　歴史学派の重層的展開

　ドイツでは特に，その国固有の制度や歴史を重視する姿勢が根付き，**歴史学
派**と呼ばれる一群の学者を輩出した。その影響力はドイツのみならず，イギリ
スやアメリカ・日本まで及んだ。

　ドイツ統一（1871年）の前後で，歴史学派を新旧に分けるのが研究史の慣例
であった。しかし近年は，歴史学派の世代（路線）対立（田村 2018：22）も鑑
みて，1870年前後，1890年前後という2つの区切りを入れて，三段階で歴史的
研究の発展を位置づける（田村・原田編 2009：102）。

歴史学派の先行者

　旧歴史学派（歴史学派の先行者たち）は，ロッシャー，ヒルデブラント，ク
ニースである。ロッシャーは「哲学的方法」（〜すべき：概念の重視）に対置する
「歴史的方法」（〜である：叙述の重視）を提唱し，リカード的な抽象論と距離
を置いた。生理学にヒントを得て，彼は国民経済を高次の有機体とみなし，幼
年・青年・壮年・老年に区分した（伊藤編 1996：125）。国民経済は因果関係と

（4）　それゆえリストは，農・工・商業の均等発展が可能な地域は「温帯かつ大国」という
　　　条件を付けている。その中身は，後の「ヨーロッパの列強」を意味する。それゆえ，リ
　　　スト説は，英独の関係からは強国〜弱国となるが，欧州列強とその他世界の関係では，
　　　支配〜被支配をもたらし，さらにこの関係を正当化する論理と解釈することも可能であ
　　　る。

して把握されるのではなく，生命体の成長や衰退の比喩として語られた。彼は歴史学派の創始者の位置にあるが，帰納法（歴史的事実からの考察）が徹底されているとは言えない。

　ヒルデブラントは発展段階の倫理的側面を重視し（田村 2018：5），経済に組み込まれた交換手段の変遷を論じた。国民経済は，自然（実物）経済，貨幣経済，信用経済という三段階に区分される(vi)。自然経済（中世）では，労働と土地のみが商品の源泉となり，労働者（小作農）と地主が互いに依存しあっている。貨幣経済では，金属貨幣と資本家が出現する。労働者は貨幣で雇われ，土地の束縛から解放されるが，今度は資本の力に束縛され，低賃金にあえぐことになる。信用経済では，約束が履行される信頼性が導入される。労働者も勤勉で能力があれば，信用力を行使できるという意味で，自然経済・貨幣経済の難点が克服されると同時に，その利点（紐帯および自由）も復活する。衰退を予想するロッシャーに対し，楽観的なヒルデブラントであった。

　クニースは自然科学（外界）と精神科学（内面）の両者にまたがる第3の領域として「歴史的科学」を提唱した（田村 2018：7）。国民経済の把握には，個別具体的な特性を見抜くことが肝要である。彼は発展段階という把握よりは，**類似性**を重視した。複数の現象がある程度までは同一性があるが，ある範囲を超えると相違性が見えてくるのが類似性である（小林 1999：60）。この研究は法則的な把握の助けとなるだけでなく，法則の不十分さを改善する余地を認識させてくれる。このような態度は，イギリス古典派経済学のみならず，発展段階を抽象化したロッシャーやヒルデブラントへの批判ともなる。

歴史学派の旧世代

　新歴史学派（歴史学派の旧世代）において，穏健な労働政策による階級対立の緩和というテーマが加わった。1872年に社会政策学会が発足すると，文明開化的な官僚を信頼し，上からの改革，国家介入の重視が謳われた。実力者シュモラーは特に，大学の講壇で社会改良を唱え（講壇社会主義），村落→都市→領邦→国民という具合に，経済が発展すると説いた（田村 2018：145）。それぞれの

段階で小さな領域で競合があり，有力なものが他を統合して規模が拡大する。その過程で行政機関が大きな役割を果たした（プロイセンの例）。

　シュモラーはメンガーを相手に，**方法論争**[H]を主導したことでも著名である。前者の歴史的方法（帰納法）[H]，後者の理論的方法（演繹法）[H]という整理は可能であるが，実際の論争はもっと複雑であった。オーストリア学派の始祖メンガーは，現象（現実の世界）から本質（根本的な原因）を分けるという本質主義を取り，ジェヴォンズやワルラスの方法からも異なる（馬渡 1997：123）。すなわち，自然現象のメカニカルな動きだけでなく，人間の自由意志が作用する経済現象の特異性を説き，現実から本質的な要素を取り出して（還元），さらに複雑さへ組み立てる方法を採る。精密な方針（厳密な類型化）と現実的な方針（経験的法則の獲得）をはっきり区分する（二元論）。

　シュモラーはこうした方法をほぼすべて，次のように拒絶した。すなわち，厳密な類型化の一種である「利己心の教義（ドグマ）[（5）]」は虚構である。対照的に，個別具体的な研究を徹底的に積み重ねて，ようやく一般的な法則（理論）が確立されるべきだ（一元論）。

　両者の論争は罵詈雑言で物別れに終わった。他の歴史学派はもっと理論（抽象的研究）と実証（歴史的研究）の共存を模索していたから，シュモラーの立場はその中でも特異であった（田村 2018：125）。このように，両者とも属する学派の中でも特別な存在だったため，単純化して理解するのは難しい。しかしこの方法論争には，経済学は何をどのように追究すべきか，という歴史的教訓が詰まっている。

　シュモラーはロッシャーやヒルデブラントの支持のもと，社会政策学会を設立し（田中編 1997：136），そこに出席した官僚を通じてビスマルク政府にまで影響を与えた。財政学者ヴァーグナーや経済史家ブレンターノなど，有能な人物も学会に集結した。ヴァーグナーは「経費膨張の法則」[（6）]の提唱で知られている。ブレンターノは福田徳三の師[（7）]としても著名である。

（5）　経済活動はすべて，個人的な欲望から説明できるという教条主義的な考え。

歴史学派の新世代

最後に，最新歴史学派（歴史学派の新世代）には，ゾンバルトとヴェーバーがいる。ゾンバルトは「資本主義」という用語を初めて学術的に発明し，資本主義の発生過程を詳細な歴史研究として探求した。ヴェーバーも近代西洋における合理的な精神を，プロテスタンティズム^Hという概念から解明しようとした。

5　批判者の有用性

反古典派

本章では科学として発展を遂げつつあった古典派経済学に対して，3つの大きな批判を説明した。シスモンディによる販路説（一般的供給過剰は発生しない）への反論，リストによる自由貿易への反論，歴史学派による抽象的理論への反論である。これらの反論は多数派・正統派・主流派の大波の中でかき消されがちだが，この少数派は歴史的に無意味な存在なのだろうか。

ミルの少数派擁護

ミル『自由論』（1859）を援用して，こうした批判者には大いに有用性があると主張しておこう。ミルによれば，誤謬（ごびゅう）を抱え不謹慎に見える少数派の思想・言論でも，多数派で真実そうに見える思想・言論と常に対峙する必要がある。なぜなら，①少数派の中に隠れた（部分的な）真実が発見できるかもしれない。②少数派がもし正しい場合，それを弾圧・抑圧してしまうと，真実を発見できる機会が現在も将来も奪われてしまう。③少数派が誤りであっても，異なった意見との討議による合理的な思考が確保され，真理をクリアに生き生き

（6）　軍事費（公債や植民地経営費など），社会政策費（階級対立の緩和），産業振興費（民間への介入）などが原因で，人口・物価・所得などが不変でも，国家財政は膨張する傾向にある。

（7）　東京商科大学（現在の一橋大学）や慶應義塾大学で教え，多くの弟子を育てた経済学者。

と認識する効果がある[vii]。

　リカードとマルサスの論争を例外として，激しい論争は不毛であると当時も今も認識されることが多い。しかし，同世代の認識とは別に，歴史的に再構成された論争は，現代の私たちの思考を鍛えてくれるはずである。

原　典

ウェーバー（2010）『プロテスタンティズムの倫理と資本主義の精神』中山元訳，日経 BP クラシックス。

シスモンディ（1949／1950）『經濟學新原理』上・下，菅間正朔訳，日本評論社（世界古典文庫）。

セイ（1926／1929）『ジャン バティスト セイ經濟學』上・下，増井幸雄訳，岩波書店。

セー（1950）『恐慌に関する書簡』中野正訳，日本評論社。

ゾンバルト（2010）『戦争と資本主義』金森誠也訳，講談社学術文庫。

ヒルデブラント（1972）『実物経済，貨幣経済および信用経済』橋本昭一訳，未來社。

ミル（2012）『自由論』斉藤悦則訳，光文社古典新訳文庫。

ミル（2020）『自由論』関口正司訳，岩波文庫。

リスト（1970）『経済学の国民的体系』小林昇訳，岩波書店。

練習問題

問題 1

中宮（2005）や御崎（2006）や喜多見・水田編（2012：第 1 章 1，第 3 章）や平田（2019：6）などを参考に，イギリス古典派とは異なった「フランスの経済思想」とは何か，自由に論じなさい。

問題 2

リストの想定する諸国民が「温帯かつ大国」に限定されることを，喜多見・水田編（2012：第 4 章）などで確認しなさい。その上で，この「温帯かつ大国」に日本が含まれるとリストが考えたかどうか，他の文献を参照しながら，自由に述べなさい。

問題3

福田徳三とブレンターノの「書簡」翻訳を CiNii から検索し，その交流について，論じなさい。

問題4

ドイツと日本において，それぞれの社会政策学会の成立経緯や発展状況を調べなさい。学会によって，どのような具体的成果があったのだろうか。

問題5

マックス・ヴェーバー『プロテスタンティズムの倫理と資本主義の精神』やゾンバルト『戦争と資本主義』を手に取り，どのような問題が論じられているか，目次・訳者解説などから読み取りなさい。

第**9**章

社会主義の挑戦

――マルクスから現代へ――

> これまでのあらゆる社会の歴史は，階級闘争の歴史である。
> マルクス，エンゲルス『共産党宣言』（訳55頁）
> ヘーゲルはどこかで，すべての偉大な世界史的事実と世界
> 史的人物はいわば二度現れる，と述べている。彼はこう付け
> 加えるのを忘れた。一度は偉大な悲劇として，もう一度はみ
> じめな笑劇として，と。
> マルクス『ルイ・ボナパルトのブリュメール18日』
> （第1章／訳15頁）
> 各人はその能力に応じて［働き］，各人はその必要に応じ
> て［分配される］。
> マルクス『ゴータ綱領批判』（第1章三／訳45頁）

── 本章のねらい ──

　本章では，マルクスを中核とする社会主義思想の歴史的展開（19世紀初頭か
ら現代まで）について説明する。かつて，マルクス主義は日本の経済学界のみ
ならず，人文社会科学をはじめとした知識人や労働者に，非常に大きな影響を
及ぼした。資本主義を 標 榜 する国で，これほどまでにマルクス主義が影響を
与えたのは，世界的にも稀な現象であった。その理解の鍵は，日本の近代化と
いう難問と密接に関連していた。しかし，以下では，まず社会主義思想が何に
挑戦していたのかを探っていこう。

Keywords：階級闘争，弁証法，疎外，剰余価値，資本の増殖，修正主義，帝国主義，
　　　　搾取，日本資本主義論争

1　社会主義思想の発展

社会主義思想の展開

　ルソーの意識を引き継ぐ形で，初期の商業社会・資本主義体制の苛酷な現実
（劣悪な労働環境，貧富の格差拡大）に対して，私有財産の廃止を謳った社会主義
思想（オーエン，サン‐シモン，フーリエ等）や無政府主義（プルードン）が誕生

していた。

　マルクスは哲学・法学・歴史学，革命的な思想，経済理論などあらゆる文献を渉猟し，同時にジャーナリズム活動で変革を訴えた。そして盟友エンゲルスと共に，資本主義社会の運動法則を解明すると同時に，来たるべき社会のヴィジョンを暗示した（佐々木 2016：18）。

社会主義思想の現代性

　マルクスの死後，「マルクス思想」の正統性を巡って，様々な修正・変形がなされる中，1917年のロシア革命後，史上初の社会主義国家が誕生した。2つの世界大戦をはさみ，資本主義体制（西側）と社会主義体制（東側）は政治的・経済的に対立しながら対照的な道を歩んだ（冷戦時代）。1989年にベルリンの壁が崩壊したことで，社会主義思想は後退したかに見える。しかし，現代のグローバリズムはマルクスが描いた資本主義社会の矛盾をむしろ純化・強化しているようだ。ここにマルクスを中心とする社会主義思想を再考する意義がある。

　第2節ではマルクスの経済学批判を取り上げる。主著『資本論』（1867）の再構成や独特な用語の解説は他の文献に任せ，ここでは古典派経済学や現代経済学との比較で，根本的な差異だけに集中する。第3節では，マルクス以後の社会主義思想が直面したいくつかの問題を，4名の代表的な思想家の概念を略述することで整理する。第4節では，かつてマルクス思想が席巻していた日本の学界から出た独自の貢献を，三点のみ指摘する。

2　マルクスの経済学批判

3つの源流

　マルクス思想は，主に3つの源流を持つ。第一に，フランスの社会主義思想から，私的所有の矛盾を学んだ。第二に，ドイツのヘーゲル哲学から，弁証法を中心に，人類の歴史において精神と物質が果たす役割を学んだ[1]。第三に，イギリスの古典派経済学から，労働価値説を中心とする市場把握を学んだ。マル

クスの非凡性はこれらの源泉をその内部から徹底的に再吟味し，時に完全に結論を変えて，全く別個の「資本主義体制の運動法則」を確立したことである。

『資本論』の副題「経済学批判」の意味は，単に古典派経済学（スミス・リカード・J. S. ミル等）の論理展開や結論を批判するだけはない。彼らが当然のように用いる商品・価値・交換・労働・貨幣・資本など，経済学の基本的概念に潜む暗黙の前提や問いの立て方そのものを，根本からえぐり出すことにある。

資本主義社会の特殊性

マルクスはあらゆるモノ・存在が商品（交換や金儲けの対象）となる特殊な世界（＝資本主義社会）を分析の対象として，その特殊性は新しい階級概念に象徴的に現れると喝破した。古典派経済学にも階級分析はあるが（地主・資本家・労働者），その階級はたまたま機能面が異なった水平的な関係に過ぎない。他方，マルクスの描く階級は，移動が不可能であり，かつ（経済的な）支配〜従属が生じている垂直的な関係である。すなわち，生産過程を組織して管理できる資本家と，自分の「これから労働する能力」しか持たない労働者という二階級の上下関係である。二階級とも，聖職者・貴族・農民・奴隷などの身分制度から解放され，産業革命によって富の拡大を全体としては享受し，市民革命によって政治的な自由も徐々に確保されてきている。

こうした階級観は，現代経済学とも明らかに異なる要素である。そこでは消費者と生産者（企業家）が代替可能な存在として描かれ，双対的な行動（一方で効用最大化，他方で費用最小化）を独立に行うことで，経済に一般均衡をもたらす。そして究極的には，株式市場を通じて会社を最終的に保有・制御できるという想定から，企業家が消滅し，消費者主権が最大限に発揮される世界が描か

（1）　マルクスは，ヘーゲルとは反対に，生産構造という土台が人間の意識（上部構造）を決めてしまうと見なした（史的唯物論，唯物史観）。

（2）　消費や貯蓄などの機能面は異なるが，すべての階級は同等な交渉力を持ち，いつでも別の階級に移動可能であること。松尾・橋本（2018：第1章）を参照。

（3）　資本家は，生産手段（土地，原材料，機械などの設備）を保有して，労働者を雇うなど，生産活動に関する決定権を有する。

れている。そこには他人の権利や生産物を侵害する経済主体は存在しない[4]。

　マルクスは，本来は生身の労働者と生身の資本家が切磋琢磨する場が，資本主義という特殊な世界では，モノとモノの物質的交換にすべて置き換わってしまうと見なした。ここに本来あるべき姿から逸脱して，自分の制御が効かず，惨めな状態になった欠陥（疎外（そがい））が現れる。マルクスは商品の交換，貨幣の流通，資本の増殖という三段階を一連のまとまりとする運動を見据えた。その根底に労働という特殊な商品[5]が存在することを主因として，労働者も資本家も共に人格が剥ぎ取られ，資本の増殖が永久運動のように繰り返される世界こそ，資本主義の現実なのである。

自己増殖する資本

　まず販売（商品→貨幣）において，商品を売って貨幣を得るのは「命がけの飛躍」[i]と呼ばれるほど困難な事態である。この行為は購買（貨幣→商品）とほぼ同時であれば，最終的にある商品と別の商品が同じ価値で交換されただけであり，貨幣はその仲介役に過ぎない（支払手段）。この一致は奇跡的・偶然的であり，マルクスはこの世界では貨幣が実質的な機能を持っていないとした（セー法則の批判）。ここまではシスモンディの批判（一般的供給過剰の存在）と同等である。

　マルクスはさらに進んで，貨幣が商品の価値を表現する[6]のに不可欠であり，かつすべての商品と交換される力を独占している存在と見なす。この特殊性に

（4）　ケインズには，マルクスからも現代経済学からも異なる階級観がある。産業（企業家・労働者）と金融（金利生活者）という二分法が採用され，不活動な後者が活動的な前者を抑圧していると見なされる。企業家と労働者は交代可能である（ビジネス・デモクラシーの仮定）。

（5）　土地所有者は土地だけ切り取って自由に売買できるが，労働する能力を保有する労働者は，それだけ切り取って販売できない。ゆえに労働者自身が生産の現場に出向いて，生産過程に服するしかない（井上 2004：77）。

（6）　マルクスは値札（価値尺度機能）としての貨幣を重視している（佐々木 2016：126）。古典派が支払手段を，ケインズが価値貯蔵機能をそれぞれ重視したことと対照的である。

より，貨幣は物神性(7)▶E fetishism を帯びることになる。さらに，（貨幣→商品→貨幣）という経済運動が考察される。ここでは貨幣の獲得を直接の目的として，商品の売買を行うという転倒した行為が発生する。資本主義体制においては，貨幣の前貸し(8)（10）→（生産手段＋労働する能力）の購入（10）……商品の生産（15）→商品の販売（15）→貨幣の獲得（15）という運動が常になる。ここで前貸しした当初貨幣（10）よりも回収した最後の貨幣（15）の価値が増大している。このように単なるカネがあたかも生物のように自立し，転々と姿を変えながら自己増殖する貨幣を**資本**と呼ぶ。この生産体制においては，貨幣の獲得を自己目的として，資本はさらに増殖していく。

　ゆえに，問題はなぜ・どのように生産過程で価値が増殖するかにある。マルクスはその答えを資本家と労働者の雇用関係に求めた。労働者は「これから労働する能力」しか保有しておらず，自らとその家族を養うために，資本家に雇われることを選択せざるを得ない。資本家はいったんこうした労働者を雇い入れ，適切な組織（協業，工場など）の元で，生産手段（土地，原材料，機械）を整備して生産活動を行わせる。この時，生産されるモノは労働者が生存に必要な価値を超えて，生み出される必然性がある(9)。

剰余価値の発生

　この労働者に必要な価値（あるいは時間）を超えて発生した部分を**剰余価値**(ii)と呼ぶ。例えば，資本家が1日15時間の契約で正当に労働者を雇い入れ，10時間の労働で最低限度の消費財を作った場合，残りの5時間労働から生み出された価値（主に贅沢品）が剰余価値に当たる。こうして資本家は生産活動を行うごとに増殖した資本を手に入れ，それを元手にさらに生産活動を拡大すること

（7）　人間が作った貨幣や資本が神の如く崇拝され，逆に人間を支配する現象。

（8）　10や15の単位は任意（例：10億円）。5億円の付加価値が生じた過程が重要である。

（9）　生産手段は過去の労働から成り立つ部分も多いが，その部分はそのまま消費財に移転するだけで，この生産では新たな価値を生まないと想定する。岡本・小池編（2019：96）。

ができる。他方，労働者は生存に最低限必要な消費財は得て，「これから労働する能力」という商品の対価は賃金という形で既に得ているものの（それゆえ次の日も労働が可能になり），増殖した価値の処分権はすべて資本家の手にあるという状態に置かれる。資本家の眼（そして古典派経済学者の分析）からは，自分の元手と才覚によって利潤を得ているだけだと自覚される。しかし，労働者の眼からは自由意志によって労働契約を結んだに過ぎないのに，いつの間にか資本家の財布のみを肥やす活動に手を貸していることになる。(10)

　剰余価値の発生こそ，マルクス経済学の要諦である。それゆえ，その発生条件は細かく吟味される必要がある（中村ほか 2001：87-89）。ここでは2つの条件を強調しておこう。(11)

発生の条件

　第一に，資本家はいったん雇い入れた労働者を可能な限り，最大限に活用できる状況が整っていることである。資本家は自らの組織・生産手段を前提に，労働者と包括的な契約を結んでいるため，1日の働き方を暗に陽に強制できる。例えば，炭坑で1日16時間働かせたように（上記の例では，剰余価値は6時間分に増大する），長時間労働を強いる。あるいはこの長時間労働が法律（工場法など）で規制されたならば，例えば自動車製造において，現場に生産性向上の工夫を組み込むことで，効率的な生産を強いることができる。労働強化を選択しない慈悲深い資本家も存在するが，法律上の保護がなければ，そうした資本家は激しい競争に晒され，生き残れないだろう。(12)つまり，資本家も剰余価値の創出を

---

(10)　現在では，チェーン店の雇われ店長，正規労働から排除された専門職（図書館司書やプロ野球選手など），副業的な臨時サービス者（Uber Eats の配達員など）など，一見，資本家側や対等な労働者のように見えて，事実上，雇用主から低廉な賃金を甘受せざるを得ない人々も増えている。

(11)　他にも，生産された商品の需要が十分にあり，その販売によって増殖した価値が実現できるという想定もある。

(12)　この意味で，資本家も人格を剥ぎ取られ，ただ**資本**として資本主義体制に組み込まれる存在でしかない。

強制されているのである。

　第二に，労働者が自分の生存に必要な消費財を生産した後に労働を放棄しないように，常に不安定な状態に晒しておくことである。当初の包括的な契約において，賃金を大幅に上昇できれば，剰余価値は大きく減少しうるが，そのような契約は難しい。なぜならば労働者が今日も明日も生存していくためには，資本家に継続的に雇われる必要がある。他方，資本家はその労働者ではなく，「これから労働する能力(13)」のみが必要とされるので，同質的な労働ならば誰でも良い。実際，代わりとなる失業者や非正規労働者は大量に存在する(14)のであり，不満を抱く労働者は直ちに解雇される。

　マルクスはこのように，労働・資本の歴史的特殊性に注目した経済学の壮大な体系を提示した。そこには，労働節約型の技術革新，利潤率低下の傾向，恐慌の可能性なども組み込まれ，ゆえに未来への見通し（初期や後期の思想）と結びついて，資本主義の崩壊，革命，社会主義政権の誕生という歴史的必然性まで読み取れる叙述もある。しかし，ここではそれらの議論は他の文献に譲り，マルクス後の社会主義思想に移ろう。

3　修正主義・帝国主義，そしてプロレタリア独裁

　マルクスは『資本論』第1巻しか生前には出版できず，第2巻・第3巻はその死後，盟友エンゲルスによって編集・出版された。マルクスの著作群は多くの人々の心を捉えたが，19世紀後半から世紀末転換に当たって資本主義が様々に変容していく中で，逆に多くの解釈を生むようになった。この節では4名の代表的な人物を取り上げ，社会主義思想がどのように発展したかを説明する。

---

(13)　労働者が既に労働した結果ではなく，あくまで労働する可能性によって契約するために，資本家は雇った後に労働強化が可能となる。たとえ出来高払いが可能になったとしても，生産されるモノの質量に関する要求水準を上げることで，次の契約が資本家に有利となる。

(14)　「産業予備軍」の存在。逆に言えば，労働三法のように労働者を保護する制度が整った場合，剰余価値（少なくとも一部分）は，労働者に移転しうる。

ベルンシュタインとルクセンブルク

　ベルンシュタインは修正主義を唱えた。カルテル・トラスト[H]，信用機構の発展，中産階級[H]の増大によって，自由競争を主眼としたマルクスの時代とは異なった様相が出現した。資本主義の崩壊必然論，プロレタリア独裁論に対する反論である。ドイツ社会民主党の綱領に反対する形で，資本主義が恐慌に対して適応能力を付けてきたという判断から，彼は議会制民主主義による社会改良を求めた。ロンドン亡命中に，ウェッブ夫妻による漸進的改良主義に感化されたこともある（馬渡 1997：281）。党主流派のカウツキーはこの修正に直ちに反論した。

　ローザ・ルクセンブルクは『資本蓄積論』（1913）を著し，別の論点から資本主義の崩壊論を擁護[E]した。彼女はマルクスの再生産表式に依拠しながら，資本蓄積が進むほどその域内では商品の販売が困難になることを指摘した。それゆえ，資本主義社会は，未だにその体制に到達していない域外を必要とする。そこに販路を求めて，世界的舞台における資本の競争という新たな事態を指摘したのである[(ⅲ)]。域内では一見，公平な取引が貫徹しているように見える。しかし，域外ではそのような外見はかなぐり捨てられ，公然と暴力的に搾取が行われる。西洋とその他でこのような非対称性が見られる指摘こそ，後の南北問題[H]や世界システム論[E]に繋がる重要な点である（田中編 1997：203）。

ヒルファディングとレーニン

　ヒルファディングは『金融資本論』（1910）を著し，信用不安という点からマルクス主義の崩壊論を擁護した。彼は「金融資本」という概念を提出し，産業資本を飲み込む形で，新しい資本主義の段階に到達していると見なした。銀行は株式会社に対して，信用供与と株式保有という手段で産業資本を支配することが容易になった。銀行によって企業結合が促進され，また銀行同士が連合することでさらに金融と産業で独占化が進む[(ⅳ)]。その中で，保護関税や植民地拡大が英独で常態化した。

　ホブソンおよびレーニンは独立に「帝国主義論」を示した。特にレーニンは

帝国主義を資本主義の最高の段階，つまり「死に至る資本主義^(v)」と定義した。そこには，生産の集中，原料資源の獲得，銀行による独占の成長，高度な生産と資本の集積（特に，石炭と製鉄），銀行と産業の融合，資本輸出の増大，列強による世界の分割という要素^(vi)がある。レーニンはその後，祖国でロシア革命を指揮し，史上初の社会主義国家を誕生させた。「マルクス‐レーニン主義」はプロレタリア独裁を正当化する教義となった。

4　日本における独自のマルクス主義

　日本では長い間，マル経・近経⁽¹⁵⁾という略称が流布するほど，マルクス経済学が学術・教育の世界で大きな影響力を持っていた。特に，近代化と数理化という文脈で，日本ではマルクス経済学において独自の貢献がなされた。ここでは三点のみ指摘しておこう。

日本独自の貢献

　第一に，1930年代の「日本資本主義論争」がある。明治維新の性格をどのように理解するかについて見解が分かれ，講座派はその中途半端な近代化を指摘することで，日本にはまず市民革命で，その後に社会主義革命が必要とした（二段階革命論）。他方，労農派は明治以降の社会を近代国家と見なした。この論争はどちらの派閥も検挙される事態で強制的に終了したが，工業の段階説，農村の地主制度，財閥研究などの実証面にも影響を残した（中村ほか 2001：115）。

　第二に，この時代の理論蓄積は，治安維持法が撤廃される戦後に花開いた。

---

(15)　「近経」とはマルクス経済学以外のすべての学派で，近代経済学（ケインズ経済学＋新古典派経済学）のこと。また，戦後から半世紀ほど，「経済原論」（略称：原論）は必修科目として，マルクス経済学を内容とする大学が多かった。やがて，この科目から「マクロ経済学」「ミクロ経済学」に分岐した。「経済原論」は「政治経済学」や「社会経済学」に衣替えして，縮小しつつ，マルクス経済学に限定されず，より広範な分析（→本書の第14章第4節）が講義されていることも多い。

講座派からは経済史（大塚久雄）や経済学史（小林昇・内田義彦）の研究に圧倒的な影響力が出た。経済学史研究において，「市民社会」という用語が鍵となるのもこの文脈である。労農派からは宇野弘蔵が出て，原理論・段階論・現状分析という三段階論が大きな影響力を持った。

　第三に，1950年代以降，置塩信雄と森嶋通夫による「マルクスの基本定理」がある。これは特定の技術において（馬渡 1997：279），剰余価値が生じているならば，経済全体の利潤もプラスになっている（逆も真）ことを，厳密に数理的モデルで証明したものである。この証明によって，資本主義社会において，利潤の源泉は労働からの搾取であるというマルクスの主張が首肯されたことになる。この定理がさらに一般的な条件の下で成り立つかどうか，労働価値と価格の関係，利潤率の低下傾向についてなどの難問を解決するために，数理マルクス経済学という分野を中心に，大きな理論的発展が促された。

5　マルクス思想の教訓

マルクス思想の功罪

　マルクス経済学の最大の特長は，資本そのものの本質——人間をないがしろにして増殖する生き物——に迫ったことである。通常，会計学では資本の分類に拘り，経済学では，資本の中身は不問にしつつ，単に生産に貢献する要素と見なす。いずれも，なぜ資本主義体制がその参加者の意識を超えてすさまじい増殖を繰り返すのかに関して，満足な答えに肉薄していない（土地・労働・技術などの生産要素と，著しい差異がない）。ケインズでも資本ストック K を一定と置いた短期の分析を得意としていた。わずかシュンペーターが，資本主義の動態を企業家のイノベーションから説明したに過ぎない。

　その反面，マルクス思想は，多くの若者を魅了して実際の政治体制を動かし

---

(16)　利潤の存在と搾取（自分の労働による価値が，他に移転していること）の存在が同値であること。より一般的な技術状況では，この定理の成立条件がより厳しくなることも判明している。

ただけでなく，時に教条主義的な権威化や硬直的な思考停止をもたらした。その理由はマルクス思想が内包する３つの特徴に由来する。第一に，社会主義への明確な指向と多くの曖昧な仄めかしは，具体的な政治手段の分裂を呼んだ。第二に，「否定の否定」「矛盾の内容」「命がけの飛躍」等を好んで用いる弁証法的思考法は，難解な用語・論理を読み解く困難さをもたらした（反面，多数の解釈が競って学術的発展ももたらした）。第三に，古典派経済学（労働価値説）に拘泥する思考法は，限界革命・ケインズ革命・合理的期待革命など，その後の経済学の発展や飛躍とどう折り合いをつけるかという難問を残した。

理想の社会像

　マルクスの目指した社会は２つの顔を持つ。第一に，国有化（私的所有の廃止）を手段として，所得・資産の平等化を実現した社会である。第二に，疎外を食い止める手段として，特に労働における自己決定権を回復した社会である。歴史的には，第一の目標が第二を内包しているとして絶対視された時代は去った。つまり経済的効率性や個人的誘因を圧殺する体制は長く持続できない。近年ではむしろ第二の方向性を前面に出すことによって，結果として第一も実現する方策が模索されている。具体的には，人間および自然の物質的代謝や，生産および消費の協同組合を重視する社会である。

　自由・平等・博愛というフランス革命の直系たる社会主義思想について，歩んだ歴史を振り返り，その可能性の中心を掘り起こす必要がある。

原　典

ヒルファディング（1982）『金融資本論』上・下，岡崎次郎訳，岩波文庫。

マルクス（1954）『ゴータ綱領批判　エルフルト綱領批判』マルクス＝エンゲルス選集刊行委員会訳，大月書店（国民文庫）。

マルクス（1972）『資本論』①〜⑧，岡崎次郎訳，大月書店（国民文庫）。

マルクス（1975）『資本論』⑨（索引），岡崎次郎訳，大月書店（国民文庫）。

マルクス（2008）『ルイ・ボナパルトのブリュメール18日』植村邦彦訳，平凡社。

マルクス，エンゲルス（2020）『共産党宣言』森田成也訳，光文社古典新訳文庫。

ルクセンブルク（1934）『資本蓄積論——帝国主義の経済的説明への一寄与』上・中・下，長谷部文雄訳，岩波文庫。
ルクセンブルク（2018）『経済学入門』保住敏彦ほか訳，御茶の水書房。
レーニン（2006）『帝国主義論』角田安正訳，光文社古典新訳文庫。

練習問題

問題1

『資本論』の翻訳が何種類出ているかを，図書館で調べてみよう。その奥付やあとがきを見て，どのような性格を持つ翻訳かも推測しよう。

問題2

なぜマルクスは「剰余価値」を利潤と呼ばないのか。それぞれの定義を複数の教科書から調べることで，推論してみよう。

問題3

ドイツ社会民主党の前身・現状を調べてみよう。その過程で，ゴータ綱領・エルフルト綱領など，重要な綱領（政党の理念・活動方針）をまとめること。

問題4

「ソ連型の計画経済は重工業化の段階では世界大恐慌を無縁にできるほど効果的だったが，サービス産業が拡大した時代には無力化した」という主張を吟味しなさい。

問題5

日本において経済学のみならず，哲学・法学・社会学・経営学などにおいてもマルクス思想が強固だった理由を推測しなさい。（ヒント：熊野（2018）のあとがきを参照）。

第Ⅲ部

経済学の現代的展開

第10章

限界革命の同時発生

——三都物語——

> 私は経済学を快楽および苦痛の微積分学として取り扱おう
> とした……。……交換理論は……「てこ」の均衡法則と類似
> することが判明した。
>
> ジェヴォンズ『経済学の理論』（序文／訳 xii 頁）
>
> 私は常に競争の点から見て完全に組織された市場を仮定す
> る。これは，純粋力学で最初に摩擦のない機械を仮定するの
> と同様である。
>
> ワルラス『純粋経済学要論』（第5章／訳45頁）
>
> あらゆる経済理論研究の出発点は，欲望を覚える人間本性
> である。……欲望の確保は人間経済の究極的な目標である。
>
> メンガー『一般理論経済学』1（第1章／訳27頁）

本章のねらい

　本章は1870年代の**限界革命**を扱う。この革命が「新古典派経済学」を誕生さ
せた。1770年代のスミス革命，1930年代のケインズ革命と異なり，人名を冠し
ていないのは，イギリス（ロンドン）・スイス（ローザンヌ）・オーストリア
（ウィーン）という三地点で，ほぼ同時に発生したからである。この知的革命
は（政治上の革命とは異なり）ゆっくりと進行し，連続性や多様性を持つ。た
だし，後世から見ると，古典派経済学とはっきりと区別される要素も持つ。

Keywords：統一理論，限界効用，稀少性，一般均衡，模索過程，メンガー表，帰属理
　　論

1　新古典派経済学の誕生

古典派との異同

　経済学における新古典派は，古典派と次のような共通の土台を持つ。封建主
義への批判的な眼（自由に立脚した経済社会），自由貿易の推奨，安定的な市場
社会への信頼がある。他方，分析視点の変化に断絶面がある。階級から個人へ，

平均分析から限界分析へ，費用原理（労働価値説）から需給の統一原理（主観的
効用が中核；価値と分配の統合も）へ，生産・動態から交換・静態へ，応用政策
から純粋理論へ，などである。

社会的背景

　限界革命の社会的背景には，以下の3つが挙げられる。第一に，産業革命の
浸透，新興近代国家（ドイツ・イタリア・日本）の成立による重化学工業の推進，
中産階級（貴族と貧民の中間層）の発展により，個人の自由な選択問題に焦点が
当たった。第二に，短期の激しい価格変動（恐慌），分配の矛盾，貧困の拡大
など，市場社会を根元から否定する勢力（マルクス主義，歴史学派，ロマン主義な
ど）からの批判をかわし，より強固な理論的根拠が必要となった。第三に，科
学面として数学・物理学の前提や成果（斉一性や演繹法）を模倣し，統一理論の
観点から経済学を数理化する出発点となった。「新古典派経済学」[1]の誕生であ
る。

　以下では，限界革命を担った3名の三態を説明する。英語圏・仏語圏・独語
圏の順となる。

2　ジェヴォンズと「水とダイヤモンド」

古典派との断絶

　イギリスのジェヴォンズは，古典派との断絶を強調した。彼は「経済学を快
楽および苦痛の微積分学」と見なし，「従来の意見をほとんど無視」して自説
を展開した。「水とダイヤモンドの逆説」とはスミスが問いかけた謎で，とて
も有用な水がなぜ無料なのか（ダイヤはその逆）という逆説である。ジェヴォン
ズは使用価値＝総効用（主観的な満足度），交換価値＝交換比率（市場で実現する

（1）　かつて，「新古典派経済学」はケンブリッジ学派を意味していたが，現在は，限界革
　　　命を同時に牽引した3つの学派（後述）を指す。また，この歴史的な用法とは別に，
　　　「現代経済学の主流派」という含意も，この用語にはある。

相対価格）と見なすことで，より洗練された説明を可能にした。

　ジェヴォンズは財を消費する際の満足度（効用）について，現在量からごくわずか増加したときに付け加わる最後の部分を「最終効用度」（ⅲ）と名付け，今までの経済学者は総効用と最終効用度を区別できなかったと断罪した。一般的に，この最終効用度は消費が増えるごとに少しずつ減っていく。図表10-1で示されたように，財の消費量が増加するにつれ，総効用は上昇するが（右上がりの曲線），その増分（曲線の傾き）は減っていく（2）。ここまでは，個人1人と1つの財のみが考慮された。

限界効用の逓減と均等

　ジェヴォンズはさらに，穀物を持つ者と牛肉を持つ者（3）の交換を限界効用の考えを駆使して説明した。図表10-2（縦軸は総効用ではなく限界効用）で，穀物の消費量が左から右に増加するにつれ，曲線は右下がりになる（限界効用の逓減）。牛肉と穀物の交換比率を適度に与えた場合（例えば1:1），横軸に両財の数量が描ける。横軸の右端から左側への移動は，穀物の消費を控えて同量の牛肉と交換・消費する行動を意味する（牛肉の限界効用曲線は左下がり）。さて，2つの曲線が交わる点Eでのみ，穀物と牛肉は交換される（限界効用の均等）（ⅳ）。この点以外では，財の消費をどちらかに増減させることで，両財の限界効用の総和を増加できるからである（パレート改善の余地）（4）。牛肉を持つ者も同様に，自身の限界効用が両財で均等する状態を選択する。ジェヴォンズは，初期の所有量と限界効用の関数から，交換比率と交換量が決定されると主張した（5）。

（2）　ジェヴォンズは独立にこの法則を発見したが，明確な図と説明は既にゴッセン『人間交易論』（1854）によって与えられている（ゴッセンの第一法則）。ゴッセン『人間交易論』（第1章／訳38頁）。

（3）　正確には，「交換団体」という名称で，仮想的な平均を示す売り手・買い手の集団同士の交換を描いている。ジェヴォンズ『経済学の理論』（第4章／訳68頁）。

（4）　取引に関係する誰か1人でも，ある状態から改善できる余地があれば，「パレート改善」と呼ぶ。この状態が1人もない場合を「パレートの効率性」と呼ぶ。

（5）　効用の極大化条件から，需要関数を導出することはなかったので，ワルラスと比べるとこの側面の完成度は欠けていた（ケーネカンプ，丸山 1986／訳204頁，江頭 2015：69）。

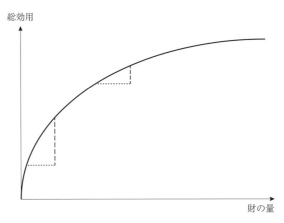

図表 10 - 1　ゴッセンの第一法則（限界効用の逓減）

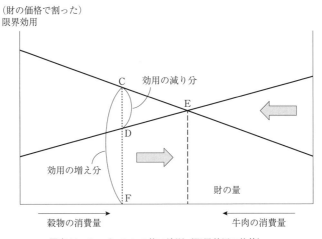

図表 10 - 2　ゴッセンの第二法則（限界効用の均等）

政策への応用

　ジェヴォンズはこのように限界革命を自覚的に切り開いたが，その影響力は経済学の原理のみならず，政策への応用にも及んだ。3点のみを指摘しておこう。第一に，『石炭問題』（1865）において，国家の進歩および石炭の枯渇問題

に触れ，著名人の仲間入りを果たした。急激な成長を遂げるイギリスだが，危うくも，安価な石炭と莫大（ばくだい）な国債発行に支えられている。この警句は，J. S. ミルやグラッドストン蔵相に影響を与えた[6]。第二に，景気変動を説明する太陽黒点説の提唱である。イギリスはピール条例制定（1844年）後も，好況と不況の波に激しく晒されていた。ジェヴォンズは景気の周期的変動（約11年）は何らかの周期的原因を持つはずだという信念に支えられ，当時最新の統計データを駆使して，太陽黒点→アジア（インド・中国）の収穫変動→当該国の輸出入の増減→ヨーロッパ工業の盛衰（せいすい），という改良版の太陽黒点説を1879年に提出した[7]（井上　1987：245）。

　第三に，社会改革への強い共感である（小峯　2007：71）。功利主義者を自認するジェヴォンズではあるが，晩年には国家介入をむしろ積極的に推奨した。自由放任主義が万能なのではなく，幸福の総量を試行錯誤的に付け加えるという「裁量」が政策には必要とされる。労働条件・公衆衛生・教育・郵便電信など，国家がなすべき仕事がある。こうした学説は，政治家ジョセフ・チェンバレン等に大きな影響を与えた[8]。

3　ワルラスと一般均衡理論

稀少性と交換経済

　ローザンヌのワルラスは「稀少性」を軸に，市場経済の本質を二人二財モデルに見いだした。稀少なものとは，効用があり，限られた量しか獲得できないモノ（v）であり，稀少性とは消費から充足される「最終の欲望の強度（vi）」となる。この道具立てから，ワルラスは限界効用の逓減と均等という，主体および市場のバランス（均衡）を記述している。ここまではジェヴォンズと共通の功績だが，さらにワルラスはこの条件から価格→需要という関数関係を導出しただけでな

（6）　ケーネカンプ，丸山（1986／訳90-91頁）。

（7）　*The Times,* Friday, January 17, 1879, Issue 29467, p. 6.

（8）　*Hansard,* 23 March 1892, volume 2, column 1590.

く，二人二財モデルを越えて，多数の人・財の需要と供給をすべて同時に一致させる**一般均衡**の概念を提出した。彼の一般均衡理論は未だに代わる概念がないほど，経済学の貴重な財産となった。

ワルラスは交換経済の一般的状態を，三種類の方程式群として記述する。第一に，各人の予算制約式である。生産が捨象された世界を議論の出発とするので，各人は自分が所有している財のいくらかを売り，より高い効用をもたらす財を買うことになる。

収入（売った物）＝支出（初期量から減ったもの）

予算制約とは，この場合，自分が売った金額までしか財を買えないことである。第二に，各人の効用最大化条件（価格比率＝限界効用の比）である。第三に，各財の清算条件（つまり需要＝供給）である。

財1の需要＝供給

財2の需要＝供給

・・・

一般に n 人 m 財の交換経済ならば，方程式と未知数の数はいずれも（$nm+m-1$）個となり，同数となる。ゆえに，ワルラスはその解（＝一般均衡の状態）が存在することが証明された，と確信した。方程式で経済全体が記述されたように，それぞれの財は相互依存的で，しかも均衡においては同時決定という特徴を持つ。

一般均衡の例示

　図表10-3は各自が予算制約を守り，与えられた価格の元で，最適な消費行

（9）　伊藤編（1996：172）や馬渡（1997：197）を参照。この数は生産経済の段階では（$2m+2n-1$）本となる（ワルラス『純粋経済学要論』第20章／訳232頁）。

財／人	A	B	C	超過需要
肉 4円	+400円 (4×100 kg)	+200円 (4×50 kg)	−100円 (4×25 kg)	+500円
ビール 2円	−200円 (2×100 kg)	−100円 (2×50 kg)	+400円 (2×200 kg)	+100円
パン 1円	−200円 (1×200 kg)	−100円 (1×100 kg)	−300円 (1×300 kg)	−600円
各自の予算	0	0	0	0

図表 10 - 3　模索過程

財／人	A	B	C	超過需要
肉 6円	+300円 (6×50 kg)	+120円 (6×20 kg)	−420円 (6×70 kg)	0
ビール 3円	+60円 (3×20 kg)	0 (3×0 kg)	−60円 (3×20 kg)	0
パン 1円	−360円 (1×360 kg)	−120円 (1×120 kg)	+480円 (1×480 kg)	0
各自の予算	0	0	0	0

図表 10 - 4　一般均衡

動（効用の最大化）を取った結果である。パンが価値尺度財として1となっている。A〜肉のセル（＋400円）は，手持ちのビールとパンを適量売って得た肉の需要額を指している。それぞれの予算は守っているが，各財の超過需要（マイナスならば超過供給）は解消していない。この段階で取引は行われず，競売人がさらなる適切な価格を叫び，超過需要がある肉とビールの価格を上げる（価値尺度財であるパンの価格は変化しないが，その価値は相対的には下がっている）。すると図表10‐4のように，超過需要がすべての財で解消する（価格，取引量）の組み合せが存在した。この状態を一般均衡と呼ぶ。超過需要があった肉・ビールは価格が上昇したことに留意する。

　この純粋交換経済の世界では，生産も資本も貨幣も存在しない。これらの要素をワルラスは順に追加していくが，その本質が二人二財モデルにあることは

（10）　柳沢（2017：157）を参考に，自作した。

変わらない。生産を考慮しても，（古典派と異なり）土地・人・資本を企業家が借りるサービス（用役）と見立てるため，交換経済と同一の方式で統一的に把握できる。資本（異時点間の取引）を入れても，固定資本の減り分（減耗）をちょうど補う貯蓄の存在という問題となった。貨幣は価値を測る尺度として見なされ，それ自体は需要されないヴェール・媒介としてのみ把握されている。つまり，交換経済はワルラスの経済把握の中核であり，価格を所与として行動する（完全競争），所得や予算が制約となる（予算制約の存在），効用を最大（費用を最小）化する（最適化行動），という具合に，現代経済学の基本モデルがここで出現した。

　さらに，ワルラスは一般均衡の安定性も考察した。その独特な市場観は，せり市場を理想とした**模索過程**の想定である。これは需要と供給が一致しない時には，均衡価格の模索が続き，最終的な取引は行われないという含意を持つ。また，供給＞需要　ならば価格が速やかに下落するという価格メカニズムへの信頼もある。いずれも重大な仮定であり，その是非を巡って，20世紀の数理経済学がさらに発展した。

応用経済学・社会経済学

　このように精緻に組み立てられた純粋経済学はワルラスの金字塔であるが，そこに留まらない広い視点もあった。社会的富の交換だけでなく，生産・分配の側面である。産業による富の生産において，人と物との効率的な関係を考えるのが応用経済学である。所有権の観点から，人と人の正義の問題を考えるのが社会経済学である。純粋経済学は「絶対的な自由競争という仮説的な制度のもとにおける価格決定の理論」に限定されるが，例えば，土地の所有問題には適用できない（喜多見・水田編 2012：168）。ワルラスは社会主義者を自称し，土地国有化を提言している。土地は稀少ゆえ，その価値上昇が地主のみに占有されることに対して，公正の観点から否定したことがわかる。

4　メンガーと欲望の帰属

オーストリア学派のメンガーも上記2名と同じく，限界効用の重要性を特記した。メンガーは人間の欲望という主観から出発し，役立つモノ・支払可能なモノを財と定義$^{(xv)}$した上で，欲望（あるいは需要）の量的把握を試みる。

欲望の度盛り表

図表10-5はメンガーのメモにある逆三角形である$^{(xvi)}$。縦軸 AD は消費量，横軸 AB は限界効用を指している。ある財の消費を増やしていく（A から D に下降する）と，限界効用は徐々に減っていき，ついには C でゼロになってしまう。三角形 ABC の面積が総効用となる$^{(11)}$。図表10-6は「メンガー表$^{(xvii)}$」である。横方向のローマ数字は財の種類を指し，Ⅰは食欲（生存に不可欠な財），Ⅴは例えば喫煙，Ⅹは一時的な慰みとなる。縦方向のアラビア数字は，1単位を消費するときに得られる効用の度合い（度盛＝スカラ）であり，どの財も徐々に満足度が減っていく（単純化のために，1単位ずつ減る表となっている）。生存に必要な食物などの財Ⅰは当初の満足度が高いが，やがて例えば，喫煙という財Ⅴと同程度の満足しか得られなくなる。ゆえに食物を5単位消費した後，タバコを一服するという行動が合理的となる。

この表は限界効用の逓減を示すだけでなく，その均等も示せる。全部で9単位の消費を行う場合，Ⅰ，Ⅱ，Ⅲを各3単位消費すると，総効用は72だが，Ⅰを4単位，Ⅱを3単位，Ⅲを2単位にして消費すれば，総効用は73となる。この時，最後の消費から得られる限界効用はすべて7であり，つまり最適な点における各財の限界効用は均等している。

---

(11)　縦軸を共通とする別の三角形によって，2財の限界効用の均等法則もメンガーは図示していた。田村・原田編（2009：183）を参照。

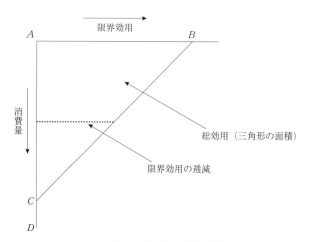

図表 10 - 5　メンガーの逆三角形

	I	II	III	IV	V	VI	VII	VIII	IX	X
	10	9	8	7	6	5	4	3	2	2
	9	8	7	6	5	4	3	2	1	1
	8	7	6	5	4	3	2	1	0	0
	7	6	5	4	3	2	1	0		
	6	5	4	3	2	1	0			
	5	4	3	2	1	0				
	4	3	2	1	0					
	3	2	1	0						
	2	1	0							
	1	0								
	0									

必需品　　ぜいたく品

限界効用

図表 10 - 6　メンガー表（スカラ）

帰属理論

メンガーは直接に消費できる財（低次財，または消費財）の価値を限界効用から説明しただけでなく，それらを順次生産していく間接的な財（高次財，または生産財）の説明にも用いた。古典派経済学を始め，通常の想定では，土地・資本・労働という本源的な生産要素を用いて，例えばパンの生産ならば，小麦収穫→小麦粉の製粉→パン生地の精製→最終的なパン製品の完成　という具合に，時間の進行とともに価値が増えていく。

ところが，メンガーを始めとするオーストリア学派は，欲望の充足を本源的と見るため，パン製品の価値が時間を遡及して（逆行して），生産に貢献した財の価値に割り当てられる（帰属する）と考える。これによって，限界効用の原理が消費のみならず生産まで適用できるという貢献を果たした。[12]

5　現代経済学の出発点

限界革命は，現代経済学の出発点である。古典派の階級（身分制度）に変えて，消費者・企業者という新たなまとまり（役割分担）に注目したこと，消費者の合理的行動を中核に据えて市場機能の効率性を肯定的に解明したこと，限界原理という統一理論で生産・交換・分配という経済学のほぼ全領域を解析したこと，均衡という状態に望ましさ・最適化という規範的な意味を持たせたこと，などがその含意である。ただし革命を推進したトリオは，それぞれ独自の観点を保っていた。

三者三様の独自性

ジェヴォンズは（後継者エッジワースと同様に）団体同士による動態的な交渉過程にも注目している。彼は交渉の余地を残す不均衡の過程も見据えることで，ワルラスの前提そのものを導出しようと試みた（根岸 1997：166）のである。ワ

---

(12)　この「帰属理論」は弟子ヴィーザーによって精緻化された。消費財の予想価値が生産財の帰属価値を決める。馬渡（1997：217），小畑（2014：245）を見よ。

ルラスは後世に絶賛された一般均衡理論という純粋経済学を，土地の国有化という社会問題のために導出した。そこには所有権の公平性という極めて規範的な（ゆえに万人の合意を得るのが困難な）問題が秘められている。またその純粋経済学は，均衡への調整が瞬時に行われるという意味で，事実上，無限（または無時間）となっている。この想定は市場機能の万能性と，その裏側の非現実性を象徴している。メンガーは欲望の体系を生産にも拡大し，価値の帰属を考えたため，そこには必然的に生産期間・予想価格という問題が浮上する。メンガーは誤謬・無知・不確実性を正面から扱う構えを見せ，なお人間の知識が経済発展の中で改善されていく楽観を持っていた。

学派の始祖

ジェヴォンズはエッジワースという理論上の後継者を持ったが，学派は形成しなかった（その役割はマーシャルに委ねられた）。ワルラスは後継者パレートを従え，数理経済学を指向するローザンヌ学派の始祖となった。メンガーはベーム－バヴェルクやヴィーザーなど直接の後継者を残し，不確実性・知識を重視するオーストリア学派を形成した。

限界革命のトリオは，その影響力と独自性において，際立っていた。

原　典

ゴッセン（2002）『人間交易論』池田幸弘訳，日本経済評論社。

ジェヴォンズ（1981）『経済学の理論』小泉信三ほか訳，日本経済評論社。

メンガー（1982）『一般理論経済学——遺稿による『経済学原理』第2版』（1，2）八木紀一郎・中村友太郎・中島芳朗訳，みすず書房。

メンガー（1999）『国民経済学原理』安井琢磨・八木紀一郎訳，日本経済評論社。

ワルラス（1983）『純粋経済学要論』久武雅夫訳，岩波書店。

練習問題

問題1

数理経済学の先駆者としてクールノーを取り上げ，寡占という概念を用いて，その特徴をまとめなさい。

問題 2

ジェヴォンズはなぜ古典派経済学を敵視したのか，その理由を自由に推測しなさい。

問題 3

ワルラスの生い立ち，大学受験，就職活動などを調べ，どのような野心と挫折があったのか，調べなさい。

問題 4

メンガー表を眺め，どのような仕組みになっているか，前提は何か，述べなさい（原典を見るとなお良い）。

第11章

新古典派の世界展開
──英米と中欧・北欧──

> その研究の衝動は，知識のための知識を求める哲学者の衝
> 動ではなく，むしろ治療のための知識を求める生理学者の衝
> 動である。
> ピグー「実践との関わりにおける経済学」
> （4，7／訳8，11頁）
> 所有権の根底にある動機は，見栄である。……「閑暇」
> leisure という言葉は，……時間の非生産的消費を意味する。
> ヴェブレン『有閑階級の理論』
> （第2章／訳35頁；第3章／訳52頁）
> 通常の競争的産業の条件下では，各生産要素がすべてその
> 限界効率性……によって決まる報酬を受け取るならば，全生
> 産物は完全に分配され尽くす……。
> ウィックスティード『分配法則の統合』
> （6節／訳37-38頁）

── 本章のねらい ──

　本章は「限界革命」後からおよそ1920年代までを扱う。この時代は新古典派
経済学を含む様々な経済学が世界中に拡散し，なおその国ごとの独自な理論的
発展・制度的展開を見た。象徴的な出来事としては，ドイツにおける社会政策
学会の設立（1872年），アメリカにおける経済学会の設立（1885年），イギリス
における（後の）王立経済学会の設立（1890年）があげられる。経済学者の国
際交流が本格化するのは1930年代以降だが，その前提たる国民的な条件は整い
つつあったと言えよう。

Keywords：部分均衡，厚生経済学，有閑階級，完全分配，交換方程式，自然価格，迂
回生産，累積的変動

1　新古典派経済学の拡散

限界革命後の展開

本章は限界革命がどのように全世界に拡散していったかを扱う。古典派経済

学は個人的な交流に依拠して，ゆっくりとヨーロッパ各地に広がった。それに比して，新古典派経済学はより組織的に，欧米やアジア新興国に急速に浸透した。新興国（1860-70年代の日独伊が象徴）が急激な近代化に着手したこと，大学カリキュラム・学会・学術雑誌という組織化が1880年代以降さらに進んだこと，が主な理由であろう。

　官房学を発達させていたドイツ圏では，絶対主義国家の要請から，官僚機構や大学の中で経済・財政の研究が進んでいた。アカデミー（ソサエティ）という私的な同好会・社交場の伝統（隠岐 2018：25）を持つイギリスでは，ようやく1890年代以降，経済学という分野が隣接領域（道徳科学や歴史学）から独立して，専門家集団の確立に向かった。アメリカでも1885年の「アメリカ経済学会」の設立（田中編 1997：145）を象徴として，ドイツ留学に頼らない独自路線が促された。

中欧・北欧へ

　第2節はイギリスのケンブリッジ大学を拠点にする学派に注目し，その創始者マーシャルと後継者ピグーの学説を紹介する。第3節ではアメリカの経済学を取り上げ，新古典派経済学への批判・導入・発展という三態を説明する。第4節では中央ヨーロッパのオーストリアと，北欧の大国スウェーデンにおける経済学の発展を解説する。

2　ケンブリッジ学派の興隆

ハサミの両刃

　ケンブリッジ学派の創始者であるマーシャルは，ジェヴォンズと異なり，古典派経済学との連続性を強調したので，より穏健な主張として万人に受け入れられた。その学説は，「世界の工場」たる大英帝国の矛盾をどう克服するかという問題意識に溢れていた。マーシャルの思考には，価格均衡論（部分均衡）と，社会進歩論（動態）という二重の流れがある。彼の意識では両者は不可分

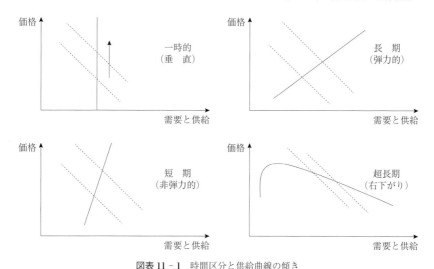

図表 11 - 1　時間区分と供給曲線の傾き

であるが，後世からは両者が分裂（矛盾）していると評価されることも多い。
ゆえに，「他の事情は一定にして」という**部分均衡理論**を，マーシャルの本質
と捉える理解が一般的である。

　マーシャルによれば，価格（価値）の決定には，ハサミの両刃のように，生
産費（古典派）と効用（ジェヴォンズ）いずれも大事である（古典派との連続性）。
経済把握のために，近似的な理解として，複雑な経済のある部分を特別に注目
して，他をいったんは考慮外に置く思考法が便宜として採用された。余剰分析
（消費者および生産者），弾力性，代替と補完，マーシャルの k，相互需要曲線，
代表的企業，外部経済，短期と長期，マーシャル゠ラーナーの安定条件など，
現在のミクロ経済学で用いる道具を発明ないし再発見した功績は大きい。

（1）「自然は飛躍せず」（マーシャル『経済学原理』扉），「冷静な頭脳と温かい心」（マー
　　　シャル「経済学の現状」『マーシャル　クールヘッド＆ウォームハート』訳35頁）とい
　　　うモットーが有名である。

4つの時間区分

　中でも，ワルラスと異なり，時間区分を明確に導入し，供給曲線 S の傾き
と関連付けた点は新しい（図表11-1）。一時的な時間では S は垂直となり，価
格は需要のみで決まる（生鮮品など）。短期では，S は右上がりの曲線となる。
長期では，さらに数量調整が進むため，S は弾力的な右上がりの曲線となる。
超長期という区分もマーシャルは用意しておいて，知識・人口・嗜好の変化に
よっては，S は右下がりになる場合もある（収穫逓増）。ワルラスの一般均衡理
論，マーシャルの部分均衡理論は，通説と異なり，理論的な完成度の高さとい
う次元ではなく，市場に対する対照的なアプローチという視点で捉えた方が
良い。現実には，非常に効率的で瞬時に調整される市場もあれば，価格や数量
による調整が不調・不可能な市場もある。[2]

組織と倫理の進化

　マーシャルの長期的・動態的視点は，組織や倫理の重要性に繋がる。マーシ
ャルは生産の要素として，従来の土地・労働・資本に加えて，あたかも生物の
有機体に模せる**組織**を重視した。革新という人間の力で，収穫逓増を実現する
（収穫逓減の自然観を打ち破る）ことが必要となる。スミスが説いた分業の利益の
みならず，統合の利益が説かれた。これらが進歩の要件となる。

　ここには与えられた条件に支配されたり（古典派），最適化したり（新古典派）
という受動性だけでなく，環境の変化に人間が適応できるという積極性も窺
える。成長には，倫理と利潤を両立できる**経済騎士道**[ii]を持った革新的企業家が
必要である。彼らは困難さが存在するゆえに苦境に立ち向かい，一般企業より
も高い利潤を獲得する。その一部は労働者にも配分される。この高賃金は貧困[3]

（2）　無時間性のワルラスと異なり，マーシャルは現実的な取引（少々の難があっても取引
　　　が成立する場面）を想定した（井上 2004：120）。また，縦軸の価格は，ワルラスでは
　　　財の交換比率（実物のみ）だが，マーシャルでは貨幣で測った値段となる（小畑
　　　2014：214）。
（3）　地代に似た性質を持つことから，「準地代」と呼ばれる。

を一時的に解消しうるだけでなく，もし賃金の上昇分を「生活基準」の向上と(iii)いう働き方・生き方の質的変化に結びつけられれば，労働の生産性を押し上げる。結果的に，国民分配分（GDP に相当）の増加にも繋げられる。こうした経済全体の時間を通じた進歩をマーシャルは見据えていた。

ピグーの厚生経済学

　こうしたマーシャルの教えは，弟子たちによるケンブリッジ学派を形成した。彼らは総じて社会改良を見据え，経済のマクロ的把握（新しい富の理論：貨幣的変動と，貯蓄・投資の重視）とミクロ的把握（財・資産の合理的選択）を同時に考慮した。中でも後継者ピグーによる厚生経済学の創始は特筆に値する。彼は，国民分配分→経済的厚生→厚生→善の因果に対して正の相関を想定し(4)，特に(iv)，国民分配分の増大・平等化・変動緩和による厚生の改善に注目した(v)。この観点によって，国家の経済干渉を理論的に解明し，経済政策（ピグー税など）を実践することが目標となった。**市場の失敗**を正面から見据えたという意味で，経済思想の大転換が起こったのである。この観点はケインズにも受け継がれた(5)。

3　新興国アメリカの多様性

　図表11-2からわかるように，アメリカの GDP は1880年代から明白にイギリスを超えた（ドイツもイギリスを急速に追いかけている）。建国から100年余，ドイツ歴史学派の影響下にあった新興国アメリカにも，経済的な安定と共に，独自の経済思想が生まれつつあった。大衆社会・独占・資産拡大というアメリカの特徴がそこに反映している。本節では代表的な3名を取り上げる。各々には，新古典派経済学の拒絶・導入・発展という役割がある。新古典派に対する両極

（4）　非常に有用だがほぼ価格ゼロのサービス（SNS，ネットの事典・辞書・検索など）が支配的になると，市場価格（貨幣的な価値）と消費者の余剰（非貨幣的な価値）が大きく乖離し，経済的厚生から厚生全体への正の相関が成立しなくなる。

（5）　ケインズ自身は，マーシャルとピグーからの理論的・思想的断絶を意識していた。

（100万ドル（1990年価格））

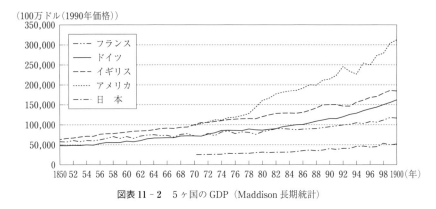

図表 11 - 2　5 ヶ国の GDP（Maddison 長期統計）

端な態度は，制度学派の興隆，主流派経済学の醸成（じょうせい）という相反（あいはん）する要素をアメリカの経済学にもたらした。

異端派ヴェブレンの大衆批判

　マーシャル経済学を指して「新古典派経済学」という用語を発明したヴェブレンは，主流派経済学を徹底的に拒絶した。彼は，集団心理・制度・歴史・進歩を重視するアメリカ制度学派の祖となる。ヴェブレンは勤労（インダストリ＝産業）と営利（ビジネス＝企業）という二分法を採用し，前者に製作者（モノ作り）本能，後者に略奪本能を割り当てた。消費の側面では，生産から切り離された**有閑階級**（ゆうかん）が，「顕示的（けんじ）（見せびらかしの）消費」（たんでき）に耽溺することで，社会の進歩が妨げられる。新古典派の描く「経済人」（点滅式計測器＝快苦に反応するだけの機械）ではなく，文化人類学や社会学の助けを借りて，リアルな人間や社会を理解しなければならない。ヴェブレンは勤労の実体から離れたアメリカの大衆消費社会を，早い段階で批判していた。

　アメリカの制度派に分類されるのは，あと 2 名いる。コモンズは，制度がどのように生まれ進化するかに注目した。ミッチェルは景気循環に関する膨大な

（6）　コモンズは「制度」の中身を，組織化されていない慣習と，組織化された「継続する活動体＝組織」に分けた。岡本・小池編（2019：131）を参照。

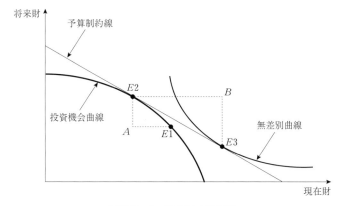

図表 11 - 3　利子率と最適消費

データを収集し，全米経済研究所 NBER の創設にも寄与した。

正統派のクラークとフィッシャー

　限界革命の理論的成果をアメリカに紹介したのが J. B. クラークである。彼はウィックスティードとは独立に，**完全分配の法則**[viii]を定式化し，生産・消費・分配を限界原理という統一した観点から経済を把握した。同時に，弟子を育成し，政策にも影響力を発揮するなど，アメリカ経済学の創始に貢献した。

　フィッシャーは限界革命の成果を発展させ，主に貨幣的な側面で足跡を残した。第一に，消費の最適化を異時点間に拡大した。利子の説明には様々な説があるが，フィッシャーは二時点（現在と将来）の最適化という手法を用いることによって，利子率の決定理論とその効果を論じることができた。生産フロンティア，予算制約（傾きが借り入れ利子率），時間選好（将来との関係で，現在の消費をどのように評価するか）という観点が重要である。この観点によって，貯蓄（投資）した資源（E1 から E2 へ）が，次の期に消費される状況（生産フロンティア曲線上の移動）や，資金の貸借によって，現在（または将来）の消費を拡大できる状況（E2 から E3 へ）がグラフ・式[ix]で説明可能となった（図表11 - 3）。

　第二に，貨幣数量説に現代的な装いを与え，均衡状態と移行過程の両方で精

密な説明がなされた。マーシャル等のケンブリッジ式残高方程式[(7)]と異なり、フィッシャーの交換方程式は次で与えられる（M：貨幣数量、V：貨幣の流通速度、P：物価、T：取引量）。

$$MV = PT$$

この式は元々 V の定義式と考えられるが、経済的な思考としては、V と T を一定と仮定する[(8)]と、貨幣数量から物価への因果的な推論に用いられる。すなわち均衡において（あるいは長期的な調整の末には）、貨幣数量を2倍3倍に増やせば、物価は究極的には同じ倍だけ増加する（比例命題）。

　この推論は、貨幣が物価を押し上げるだけで、経済の実体（雇用量や生産量といった実物的な側面）には何も影響を与えないという主張の正当化に繋がる。ただし、フィッシャーは均衡から均衡に移行する過程（特に予想の重要性）にも十分な考察を加えている。移行過程への深い洞察は、負債の累積的増大によるデフレーションの激化にも窺える。またフィッシャーは名目利子と実質利子をつなぐ[(9)]式も提出し、予想・貨幣の要因と実物的要因の相互作用にも関心を寄せていた。

4　中欧と北欧の展開

メンガーの直系
　ヴィーザーとベーム‐バヴェルクは始祖メンガーの主著を咀嚼（そしゃく）して、それ

（7）　$M = kPY$ となる（k：マーシャルの k、Y：所得）。定義式の交換方程式と異なり、名目所得のうち、一定量を貨幣で保有するという資産選択（貨幣需要）の側面が強い。

（8）　V（一定期間に貨幣が何回用いられたか）の一定は短期を想定するゆえ、T の一定は完全雇用（長期）を想定するゆえ、という具合に、両者の一定は極めて便宜的である。

（9）　名目利子率 i＝実質利子率 r＋予想物価上昇率 Pe。これは $(1+i) = (1+r)(1+Pe)$ という式から、近似的に導かれる。ここでは予想という重要な要素が、利子率の決定に混入している。フィッシャー『利子論』（第1編第2章／訳40頁）。

ぞれ理論の精緻化に尽力してオーストリア学派を発展させた。ヴィーザーは**自然価値**に注目した。これは私有財産も人間の不完全さも存在しない社会で，人々の限界効用が均等になった理想的な状態で成立する価値である。[10] 現実の経済では，購買力（貧富）の差によって財の限界的評価が異なるため，市場で成立する価格は自然価値から乖離してしまう。ヴィーザーは**限界効用 Grenznuten** という用語を考案しただけでなく，費用については物的な性格というよりも，生産を諦めた消費財の価値が関係することを重視した。「機会費用」が明確に論じられたのである。

　メンガーやヴィーザーが将来の予想から現在を捉えたのに対して，ベーム－バヴェルクは過去から現在を捉える（小畑 2014：245）。彼は利子率が正である理由を，[11] 将来の過小評価と，より長期的な生産方法の効率性に求めている。前者は「時間選好」と呼ばれ，資本の供給側（なぜ正の貯蓄が行われるか）に関係する。後者は「迂回生産」の有利さを示し，資本の需要側（なぜ消費財を作る中間生産物が求められるか）に関係する。釣において素手で魚を取れば準備はいらないが，収穫は少ない。竿やボートを使う場合は，一定の生産期間が必要だが収穫は莫大となる（ただしその増加率は減っていく）。彼の貢献は，資本の調達には時間がかかるという現実を意識させたことである（早坂編 1989：196）。

ヴィクセルの累積過程

　スウェーデンのヴィクセルは過渡期の経済学者として，限界革命の成果を用いて，現代的マクロ経済学の先駆となる役目を果たした（明石 1988：12）。ヴィクセルはワルラス的な一般均衡理論の枠組みも用いながら，オーストリア資本理論に従い，生産期間を考慮した生産構造を考慮している（川俣 2016：28）。彼の業績は，貯蓄～投資という集計的（マクロ的）把握を軸として，実物利子

---

(10)　この議論を，規範的な「社会的厚生関数」の深化と評価する論者もいる。根岸（1997：150），川俣（2016：185），田村・原田編（2009：198）。

(11)　ベーム－バヴェルクの関心は，利子を搾取と捉えるマルクスへの批判精神がある（早坂編 1989：196）。

率と銀行利子率の乖離に着目して物価変動を考察したことにある。

　実物的な資本について，その需給を一致させるような実物利子率[12]があったとする。この利子率は人口・戦争・気候などで変動に晒されやすい。他方，銀行が制御できる利率は粘着的・慣習的であり，実物利子率の変動に往々にして追いつけない。両者の乖離は物価変動，そして貯蓄と投資の恒常的な変動をもたらす[13]。物価上昇は企業家の期待を膨らませ，投資の増大によってますます物価が騰貴することになる（累積的変動）。古典派において，貯蓄と投資は同一の行動（それゆえ恒常的に一致する）と捉えられていたが，ヴィクセルは銀行組織を明示化することで，両者の分離とその貨幣的性格を強く印象づけた。

5　新古典派経済学の世界展開

英米の発展

　1870年代の限界革命は，全世界に非常に大きな理論的進歩を与えた。イギリスではケンブリッジ学派が形成され，貨幣的変動をより重視した新しい「富の理論」[14]を用意した。その現実性・政策指向は，「他の事情は一定にして」という便宜的な方法に象徴される。アメリカでは当初ドイツ歴史学派の影響下にあったが，やがて独自の発展を見せ，新古典派経済学への激しい反発（ヴェブレン）とその導入・発展（クラークやフィッシャー）という対照的な受容を見せた。

中欧・北欧の発展

　オーストリア学派は始祖メンガーの後，ヴィーザーとベーム - バヴェルク

---

(12)　「実物資本が実物のまま貸付られる場合に，需要と供給で決定されるはずの利子率」（ヴィクセル『利子と物価』第 8 章／訳125頁）。

(13)　銀行利子率が実物利子率より低い場合，企業は借り入れが有利になるので，投資が貯蓄以上に拡大して利潤機会が増え，（完全雇用が仮定されているので）物価が騰貴する。マルシャル・ルカイヨン（1978：41-42）を参照。

(14)　古典派の「富の理論」plutology，および新古典派の「交換の理論」catallactics のいずれとも異なる（貨幣的変動の重視）。

という2人の後継者を得，さらにミーゼス，ハイエクという有力な弟子を輩出
した。その影響力は現代のアメリカまで及ぶ。直系の子弟関係が長く続くとい
う点では，この学派の特異性は際立っている。時間や知識を重視した主観説と
して，ワルラスの一般均衡理論を吸収しながら，経済学の無視できない潮流が
形成された。

　スウェーデンのヴィクセルは実物と貨幣を結ぶ過程に注目したことで，経済
のマクロ的把握に新しい視野（貯蓄〜投資分析）を開いた。彼はダヴィッドソン，
カッセルと並んで北欧学派（ストックホルム学派）の祖となり，ミュルダール，
リンダール，オリーンなど若き俊英に影響を与えた。

　このように，限界革命後，経済学は世界的な流布という形で，理論的な精緻
化や分野の拡充がなされてきた。その中で，ケンブリッジ・ローザンヌ・オー
ストリアという3つの学派が互いに交流を重ね，その影響力を拡大させた。

原　典

ウィクセル（1984）『利子と物価』北野熊喜男訳，日本経済評論社。

ウィックスティード（2000）『分配法則の統合』川俣雅弘訳，日本経済評論社。

ヴェブレン（2015）『有閑階級の理論』（増補新訂版）高哲男訳，講談社学術文庫。

クラーク（2007）『富の分配』田中敏弘・本郷亮訳，日本経済評論社。

ピグー（2012）「実践との関わりにおける経済学」『富と厚生』本郷亮訳，名古屋大
　学出版会。

ピグー（2012）『富と厚生』本郷亮訳，名古屋大学出版会。

フィッシャー（1980）『利子論』気賀勘重・気賀健三訳，日本経済評論社。

マーシャル（1965〜1967）『経済学原理』Ⅰ〜Ⅳ，馬場啓之助訳，東洋経済新報社。

マーシャル（2014）『マーシャル　クールヘッド＆ウォームハート』伊藤宣広訳，
　ミネルヴァ書房。

練習問題

問題1

マーシャル『経済学原理』の序文などを読み，均衡と成長という2つの世界観が窺
えるどうか，確かめなさい。

問題2

「マーシャルの超長期は，追加的費用が限りなくゼロであるデジタル時代の生産（画像・音声の無限複写）を予見していた」という主張の妥当性について，自由に論じなさい。

問題3

ピグーによる厚生経済学の三命題を記述し，どの命題が重要か，あるいは意見の不一致が現れやすいかについて，自由に述べなさい。

問題4

ピグー税とは何か。その理論的内容を述べた後，その現実的な応用について，困難性と可能性について説明しなさい。

問題5

「迂回生産」（生産期間を長くすること）が有利になる（高い生産性を生む）場合と，そうでない場合の具体例を挙げなさい。

問題6

ヴィクセルの経済学がなぜ「過渡期」と判断されることがあるのか。完全雇用，実物体系に基づいた自然利子率，などをヒントに，自由に論じなさい。

第 12 章

ケインズ革命
——失業と貨幣——

> もし正統派経済学が誤っているとすれば，その誤りは……
> 前提が明確性と一般性に欠けている点に見出せられるべきで
> ある。……困難は，新しい思想にあるのではなく，大部分の
> 我々と同じように教育されてきた人々の心の隅々まで広がっ
> ている古い思想からの脱却にある。
>
> ケインズ『一般理論』（序／訳 xxv, xxviii）

── 本章のねらい ──

　本章はケインズ革命を扱う。ケインズは豊かな社会の象徴である「ヴィクト
リア時代」の後期に生まれ，「自由主義／自由党の改革」(1905-15) を青年期
に経験した。しかし進歩的・調和的な世界は，第一次世界大戦 (1914-18) の
勃発で暗転する。欧州全土が憎悪・飢餓・略奪にまみれ，「法の支配」「市場の
秩序」がもはや当てはまらない。ロシアでは社会主義政権が誕生し，イタリア
とドイツではファシズム体制が忍び寄る中，イギリスの失業者は200万人以上
に達した。この世界では，ベンサム的原子論とマーシャル的進歩論は適用でき
ない。前者は部分と全体が完全に調和する確実な世界を意味する。後者は「経
済騎士道」が発揮され，「生活基準」が向上していく世界である。「西洋の没
落」が現実になる時代に，ケインズは新しい経済学を構築する必要に迫られた。

Keywords：西洋の没落，大きな政府，マクロ経済学，有効需要の原理，生産の貨幣理
　　　論，不確実性，文明の可能性

1　戦間期の洞察力

西洋の没落

　本章は第三の思考革命であるケインズ革命を扱う。その背景は「西洋の没
落」という意識と大きく関係している。

　ジョン・メイナード・ケインズは，三大経済学者の中に必ず入る傑物である。

なぜケインズの名声が天下に轟くのか。おそらく，経済学に（永続的かどうかは別として，少なくとも）革命をもたらした人物という理由だけでなく，傑出した知識人として，同時代の人々に圧倒的な印象と多面的な影響を与えたからである。さらに，現在の我々にとっても，その言動は「宝の山」「発想の源泉」となるからであろう。ケインズの人物像については，参考文献（喜多見・水田編 2012：205；日経編 2014）に任せ，ここではケインズ革命の本質を簡潔に記していこう。

　第2節ではケインズ革命の思想・政策・理論という三側面を解説する。この革命によって誕生したケインズ経済学は，永遠ではないにせよ，一般に広く受け入れられ，やがて正統となっていく学説である。第3節は，多くの人々が忘れている異端的な（それゆえに魅力的な）側面を説明する。第4節では，ケインズ革命の現代的意義をまとめる。

2　ケインズ革命の思想・理論・政策

思想の革命

　ケインズ革命の最大の衝撃は，その思想的側面である。アダム・スミス以来，市場メカニズムの強靱さ・効率性について，経済学者はその正当化に尽力してきた。20世紀になってこの潮流が正面から疑問視され，兄弟子ピグーは厚生経済学という形で，市場の失敗を政策によって補正すべきだと主張した。ケインズはこの問題意識を引き取る形で，政府がなすべきことは単に国防や司法だけではなく，行政府による経済への適度な介入もあると見抜いたのである。夜警国家（小さな政府）から福祉国家（大きな政府）への大転換である。この大転換によって，市場経済の自律的な発展という楽観が潰えた。

　この思想的大転換を具現化したのが，主著『雇用・利子および貨幣の一般理論』（1936）である。斬新であるが難解だったため，この本を巡って経済学そのものが進化した。最も革命的な部分は，経済全体を貫くマクロ的な視点である。現代の経済学に慣れている者は，個々の経済主体の合理的行動とは独立に，

マクロ全体として安定的な変数同士の関係が存在する，という思考を軽視しがちである。しかし「貯蓄の逆説」「合成の誤謬」は現実に存在する。つまり，個々の行動と全体の現象の間には，重大な断絶が発生する。例えば，家計や企業が節約を励行し，経費削減を推進することは合理的であろう。しかし，マクロ経済全体では，個々の行動が集計された結果，総需要や総所得が減少するために，貯蓄も増えず，不良債権も減らない。この視点こそが，古典派（実物体系）とも新古典派（ミクロの合理性）とも異なる，新しいマクロ経済学の出発である。

理論の革命

『一般理論』における革新は，セー法則（供給はそれ自らの需要をつくる）を完全に否定し，不完全雇用が常態化している状況を理論的に描いたことにある。セー法則はいったん供給された生産物は，価格の調整機能によって，最終的には必ず売れるという命題である。ケインズはこの正統的な命題を拒絶した。その論理は**有効需要の原理**に集約される。ケインズ経済学の解釈として，価格の調整メカニズムが働きにくいため（賃金の下方硬直性など）だ，という見方も根強い。しかしここでは，もっと根深い理由が存在することを指摘しなければならない。それは，労働市場が通常の意味での「市場」としては機能せず，言わば「残余」のような形で，雇用量（あるいは失業量）が他の市場に影響されて受動的に定まってしまう世界である。

　有効需要の原理を，マクロ的な（＝集計された）総需要と総供給の交点によって，国民所得と雇用量が決まる原理としよう。この体系の中で，資源の未利用がある場合，初期の投資増はその何倍もの所得増をもたらす。その何倍かに当たる係数が**乗数**である。ケインズは消費関数・投資関数・貨幣需要関数とい

（1）　個々の性質を総和しても，全体としての特性が観察できないまとまり（系）を，複雑系における非線型性と呼ぶ。松下（2019：63）。生態系や経済系はその典型である。

（2）　多数派の経済学的思考では，調整変数としての実質賃金率が，労働供給と労働需要を一致させるまで円滑に変動する。

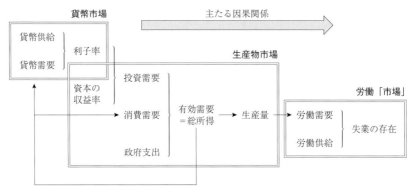

図表 12 - 1 『一般理論』の因果的依存関係

う道具立ても揃え，自然の成り行きのままであれば，失業など資源の遊休状態
が持続してしまう経済モデルを組み立てた。

　ケインズは貨幣（資産）市場・生産物市場・労働市場という３つの市場をこ
の順で重視した。図表12-1のように，貨幣の供給と需要によって，まず利子
率が定まる。この利子率（調達コスト）と資本の収益性（利潤予想）を比べて，
投資需要が定まる。この投資需要と消費需要と政府支出の３つを合算する形で
有効需要の総額が定まり（純輸出が無視できる場合），すなわち総所得が決定さ
れる。ここから経済全体の産出量が定まり，ついで企業の労働需要も定まる。
これらの経路とは別に，労働者の行動によって労働供給が提示される。

　両者がたまたま出会うのが，労働「市場」という場である。しかし，ここで
は賃金の調整機能は最初から排除されている。[3]この考えはワルラスの同時決定
論とは異なり，緩やかな因果関係を含む社会モデル（喜多見・水田編 2012：214）
なので，労働「市場」の失敗（つまり慢性的な失業の発生）は，その市場の調整
不良のせいではない。むしろ，因果を遡（さかのぼ）って，生産物市場，そして貨幣市場
に根本的な原因を求めなければならない。その因果を読み込めば，中央銀行の
政策によって貨幣供給量を増やすこと，流動性プレミアム（現金を好む度合い）

────────────

（3）　経済学者の通念とは異なり，伸縮的・硬直的という価格の性質と失業とは関係がない。
　　むしろケインズが喝破していたように，貨幣賃金が伸縮的なことが不均衡を拡大させる。

を下げること，利子率を下げること，民間の投資需要を増やすこと，「消費性
向」を操作して消費需要を増やすこと，政府支出を臨機応変に増やすこと，な
どの対策が自ずから導かれる。いずれの場合も，実物的要因（生産量や雇用量）
を左右するのが究極的には貨幣的要因（貨幣数量や利子率）である，という世界
観に基づいている。

政策の革命

　ケインズの理論は徐々にであるが，イギリスの国内外に政策として浸透した。
まず国内では戦時経済に応用された。「戦費調達論」は①インフレを抑える，
②労働者の生活を守る，③必要な戦費を調達する，という三重の目的を叶える
実務案であった。この分析はイギリスの1941年予算の策定過程に大きな影響を
与えた（国民所得勘定が整備され，ケインズ的分析が政府文書にも載った）。また，
社会保障や完全雇用という「戦後計画」にも直接の足跡を残した。国外では，
国際協調の体制を再建する提案と実務に影響を与えた。特に，モノの自由な貿
易，カネの裁量的な制御を狙ったケインズ案は，アメリカのホワイト案と激突
することによって，戦後の IMF-GATT 体制の発足を促した。

3　ケインズの異端的な特徴

　ケインズ革命の思想・理論・政策における三側面は，永続的かどうかは別と
して，現代経済学を発展させ，経済学に対する信頼と期待を回復させた。ケイ
ンズが残した短期の理論を，どのように解釈したり拡充したりするかという点
で，多くの俊英が経済学に集まり，また行政府にもその知恵は到達した。こ
の意味で，ケインズ経済学は正統な理論となったのである。しかし，やがて
1970年代を迎える頃から，その「一般性」を公然と否定する潮流が復活する。
それがマネタリストであり，合理的期待形成学派であった。その流れは，やが

（4）　ケインズ自身はこのモデルを「生産の貨幣理論」と呼んだ。喜多見・水田編（2012：
　　211）を見よ。

て「ルーカス（による）批判▸E」として，（あたかもウィーン体制▸Hのように），経済学をケインズ革命以前に戻す試みのようにも見えた。

　その中にあって，ケインズの思想は，多くの人が注目した正統的な側面だけでなく，異端的な側面も存在する。3つだけ指摘しておこう。

貨幣経済の重視

　第一に，**貨幣経済**の重視である。ケインズは「将来に対する予想の変化が雇用の方向だけでなく，その量をも左右することのできる経済(iii)」を「貨幣経済」と定義した。他の三部作『貨幣改革論』(1923)・『貨幣論』(1930) の題名からもわかる通り，ケインズは生涯をかけて「貨幣とは何か，経済にどのような影響を与えるのか」(生産の貨幣理論) という問題を追究していた。そこでは，貨幣の特殊性ゆえに，安定（限界消費性向・貨幣賃金）と不安定（資本の収益性）の織りなす世界が描かれ，その中心には「貨幣愛」という病理があると診断された。貨幣に対する執着は確かに富の蓄積を可能にしてきたが，ある程度に富が行き渡った時代には，もはや「貨幣愛」は低次の重要性しか持たなくなる。

不確実性の重視

　第二に，不確実性の重視である。人間は未来に投げ出された存在であり，特に投資の決意は血気 animal spirit(iv) という本能による。株式市場が最も典型的であるように，常に変動にさらされ，効率的な点がどこにあるのか，模索が続いている。ワルラスの想定と異なり，均衡を保証しない点であっても，現実の交渉点としていったん取引が行われるのは通常である。このような世界では，日々の売上を予想するといった「短期予想」よりも（これだけでも企業家を左右する重要な要因なのだが），将来の出来事に関する「長期期待(v)」の方が圧倒的に重要である。これは，資本ストックのパターンや数量が将来どのように変化するか，その投資物件が存続する間に，有効需要の強さがどう持続するか，あるいは貨幣賃金がその間にどのように変動するか，などの心理的状態にも左右される。ナイトの分類をここで援用すれば，確率分布が想定可能な「リスク」▸Eと

異なり，その分布さえ茫洋としている「不確実性◀E」が俎上にある。J. ロビンソンの言葉を借りると，歴史的時間の経済的行為として，不可逆性があり，1回限りの経済プロセスである。ここには不確実性に立ちすくむ人間像がある。

現実指向

第三に，こうした貨幣や不確実性による暗部を，政策や現実への重視として，様々な知恵によって打ち破ろうとする人間観もある。ケインズは若い時分に傾倒した哲学・倫理学に依拠して，手段の哲学（歯科医のように有能な経済学）よりも，目的の哲学（美学・倫理，審美や観照を重視する立場）を上位に置いた。しかし同時に（あるいは長い公的な生活を経て），果実の不確かな未来における理想よりも，帰結がかなり確実な現在を重視することになった。その象徴が「長期には我々はみな死んでしまう」という箴言である。こうした深層の願望を汲み取れば，ケンブリッジ学派の政策指向・現実主義は，ケインズにあっても貫かれていることがわかる。

このような異端的特徴のためか，ケインズは現在でも本流にある経済学的思考のある部分に，激しい嫌悪感を持った。すなわち，「リカード的悪弊」（シュンペーター 2006／訳中巻179頁）と呼ばれる思考法と，「ベンサム的計算」という思考法である。前者は単純化された因果モデルを，そのまま現実の政策に応用する拙速さを意味する。後者は「最大多数の最大幸福」に象徴されるように，個人の幸福度を単純に集計して社会の望ましさを判定する方法である。ケインズはいずれも社会の複雑さを無視した極論として退けた。ここに彼が「生産の貨幣理論」を打ち立てようとした真意がある。

4　文明の可能性を求めて

未解決の難問

情念を重視して敗戦国から最大限の賠償金を絞り取るか，冷徹な理性の働きによって貿易黒字分の賠償金を設定して，敗戦国の復興に資するか。一国の完

全雇用政策を優先して，近隣の 窮 乏化を放置するのか。資金の自由な移動に
よる圧倒的な経済性を得るのか，ホットマネー（攪乱的な資金移動）を規制する
のか。自由競争（効率）の一部を削って，社会保障（公正）を構築するのか。
ケインズが直面した難問は，未解決のままが多い。

文明の可能性

　ケインズによれば，経済学とは，芸術や哲学と異なり，文明そのものの価値
ではないが，文明の可能性を広げてくれる経済的基盤，信託される知恵であっ
た。[vii] それゆえ，文明そのものの輝きを取り戻すために，まず経済的な苦境を脱
する必要があったのである。ケインズの正統的および異端的な思考は，このよ
うな視点を取れば，未だに汲み尽くせぬ宝庫となる。

原　典

ケインズ（1978）『貨幣改革論』（ケインズ全集第4巻）中内恒夫訳，東洋経済新報
　　社。
ケインズ（1981）『説得論集』（ケインズ全集第9巻）宮崎義一訳，東洋経済新報社。
ケインズ（1983）『雇用・利子および貨幣の一般理論』（ケインズ全集第7巻）塩野
　　谷祐一訳，東洋経済新報社。
シュンペーター（2006）『経済分析の歴史（全3冊）』中，東畑精一・福岡正夫訳，
　　岩波書店。

練習問題

問題1
「乗数」「有効需要の原理」「マクロ経済学」の意味に関して，マクロ経済学の教科
書における説明（複数冊）をまずまとめなさい。

問題2
「乗数」「有効需要の原理」に関して，『一般理論』の原典（日本語翻訳）に当たり，
どのような説明になっているか，確かめなさい。

問題 3

大学図書館の検索サイトから，ケインズを主題とする新書を 5 冊以上見つけなさい。
誰がいつ執筆したかも記録しておくこと。

問題 4

ケインズ＝赤字財政主義　という通念が時に不適切であることを，上記の新書から
確かめなさい。

問題 5

ケインズの／に関する本が現在も読まれている理由を推測しなさい。

第13章

孤高の経済学者
──経済と隣接領域──

> 新しい均衡点は古い均衡点からの微分的な歩みによっては到達し得ない。郵便馬車をいくら連続的に加えても，けっして鉄道になることはできない。
>
> シュンペーター『経済発展の理論』
> （第2章一／訳上巻180頁）
>
> 軍事活動を任される将軍はただ一つの目的が与えられている……が，経済計画担当者にはこのような単一の目標は存在せず，使用可能な手段にしてもそのような条件はない。
>
> ハイエク『隷属への道』（第5章／訳81頁）
>
> 経済学者が経済の自動調整装置を探し求めたのは，……競争であった。……だが……新しい抑制装置が競争にとって代わり出現していた。……私はそれを拮抗力と呼ぶことにしたい。
>
> ガルブレイス『アメリカの資本主義』（第9章2／訳143頁）

── 本章のねらい ──

　本章は20世紀の前半から中葉にかけて活躍した巨匠4名を扱う。彼らは「孤高の経済学者[1]」として，極めて異彩を放つ活躍を見せたが，その独自性ゆえに直接の後継者を持たなかった。この点が，異端的特徴を秘めながら，なお単純化や複雑化といった応用問題に転化されやすい正統的特徴を備えたケインズ経済学とは異なる。彼ら4名が共通して格闘したのは，資本主義は生き残るのか，という大問題であった。この問題意識は主に，社会主義という外部の新勢力への対抗，巨大企業という内部の強力勢力への対抗という軸に集約される。

Keywords：創造的破壊，均衡と発展，自生的秩序，拮抗力，依存効果，理性的批判者

1　孤高の意味

巨匠4名の学説

本章では，経済学の巨匠を取り上げる。時流に乗ったケインズ思想とは異な

（1）　この表現は根井（2006：140）から借用した。

り，単純化されない言説を生み出した孤高の人であった。

　第2節ではケインズと同い年のシュンペーターを取り上げる。オーストリア学派の流れを汲む彼は，早熟の天才として学界に認知されるが，やがて世の中がケインズの影響力に塗れる過程で，アメリカ（ハーバード大学）に拠点を移し，そこでも圧倒的な影響力を若き俊英たちに与えた。第3節では，同じくケインズのライバル・ハイエクを取り上げる。彼もオーストリア学派の中で育ったが，ナチスが政権を取る前にイギリス（LSE）に拠点を移した。そこでロビンズやケインズ等と論争することで自らの経済学を完成させ，戦後はアメリカ（シカゴ大学）において静かな影響力を行使し，やがて1974年のノーベル賞受賞によってリバタリアンの頭目と見なされた。

　第4節では，アメリカ制度学派の本流を歩んだガルブレイスを説明する。彼は多くの著作を世に問うことで，むしろ市中の人に圧倒的な存在感を示した。第5節は都留重人を取り上げる。彼は敗戦前から戦後日本の再建に備え，その高度成長が軌道の乗った頃には，環境破壊に警鐘を鳴らした。第6節では，孤高の経済学者を一瞥する意義をまとめる。

2　シュンペーターの新結合

　シュンペーターの真骨頂は，異なる2つの要素をいったんは分離して考察しながら，最終的にはそれらをつなぐ大きなヴィジョンを構想していることにある。その代表的な例は，均衡と発展，企業家と景気循環という異なった次元の概念に窺える。

均衡と発展

　シュンペーターは，ワルラスとマルクスという全く異なった特徴を持つ経済学者を同時に尊敬した。前者は均衡（静態）に，後者は発展（動態）に，特別な関心を持つ。シュンペーターは，資本主義社会を解剖する方策として，次の二段階を想定した。まずワルラスが提唱したように，経済にはすべての需給が

一致する一般均衡に至る傾向がある。最終的な調整が終われば，そこには超過利潤は存在しない。このままの状態では，資本主義には発展がない。しかし現実には景気循環がいつも発生している。

　その理由をシュンペーターは企業家の新結合 innovation に求める。革新的な企業家が常に**創造的破壊**を行うために，独占利潤が発生し，活況となる。模倣的な企業家が常にその分野に参入するために，その超過利潤はやがて消えていく。1つの技術革新だけでなく，常に新結合が群発するために，資本主義は常に変動（好不況の波）に晒される。このように，企業家の革新が経済全体を動かすことになる。

新結合の中身

　シュンペーターは新結合の内容を5つに分けた。第一は文字通り，新製品の誕生である。鉄道や電話の発明は，産業構造を大きく変えた。第二に，新しい生産方法である。フォード社はベルトコンベアによる大量生産方式を採用し，著しい生産性の向上を果たした。スミスのピン生産の例と同じく，自動車やピンという同一の製品を扱いながら，分業体制の徹底という全く異なる生産方法で高い生産性を実現した。第三に，新しい販路である。ネットショッピングモール（楽天）やネット動画配信（Netflix）など，たとえ今までと同一の製品でも，全く異なる販売ルートで提供したために，大きな革新となる。第四に，新しい原料供給である。今まで中東に頼っていた原油を，北海油田の発掘でイギリス自ら生産できるようになったり，ロシアとドイツを結ぶパイプラインが新しく建設されたり，という具合に，今までと同じ石油の生産・流通でも，その供給源が異なると大きな影響が経済に発生する。第五に，新しい組織である。現代の組織は，例えば衝動型・順応型・達成型・多元型などに分けられるが，有機的な自律型（進化型）もありえる。最後の自律型とは，明確な中心・指揮官は存在せず，公私のバランスを各自が鑑み，自発的にチームを創設・解散

（2）　https://www.nikkei.com/article/DGXMZO51617000R31C19A0000000/（2019.12.22閲覧）

させるアメーバー的柔軟性を持った組織である。こうした新しい組織が生まれること自体が新結合となる。

企業家と銀行家

シュンペーターは企業家を二種類に分けた。革新者と模倣者である。他者と異なるだけでは単なる逸脱者に過ぎず，新結合を真似する追随者が現れることで，初めて企業家が革新者になる。それには本質を見抜く洞察力が，意志を一定の方向に向かせる力が，社会の抵抗を克服する力が，それぞれ必要である（英雄史観）。ただしこの革新者でも，資金の裏付けがないと，経済の動因とはならない。彼らの資金を与える**銀行家**の存在が浮かび上がってくる。企業家と銀行家は「資本主義の正副操縦士」（森嶋 1994：60）となる。このようにシュンペーターの特徴は，企業家と銀行家という階層に，資本主義を左右する重要な役割を担わせた点にある。

体制論

ソ連が1920年代から様々な計画経済（ネップや五カ年計画）を実験していた頃，世の中は体制論――資本主義と社会主義のどちらが優れているのか。民主主義との関係はどうなるのか――に溢れた。凡人の発想では，資本主義はその失敗ゆえに必ず社会主義に移行する，あるいは，その成功ゆえに存続すると主張される。しかし，シュンペーターの慧眼は，逆説や皮肉を散りばめる。すなわち，資本主義はその成功ゆえに，社会主義へ移行するという命題である。その驚きも，じっくり読めば腑に落ちる。

高度な資本主義は革新的な企業家を死滅させ，官僚の支配する空間が出現する。これは既に「社会主義的」ではないだろうか。資本主義はなぜ長期的に衰

（3）　それぞれ深紅 red，琥珀 amber，橙 orange，緑 green，青緑 teal という色に対応する。詳しくはラルー（2018：63）を参照。

（4）　レオンチェフのまとめによれば，資本主義の病は癌（スウィージー）かノイローゼ（シュンペーター）かという違いがある。根井（2006：160）。

退するのか。4つの理由がある（小峯編 2010：215；根井 2006：162）。第一に，資本主義の源泉たる新結合が生まれなくなるためである。リーダーたる天才的な企業家が，大企業の機械的日常業務に取って代わられる運命にある。第二に，企業家を後援してきた王侯貴族が，新結合の成功によって没落してしまうためである。第三に，資本主義を支えてきた私有財産制や契約の自由への拘りが，独占などの発展によって衰えてしまうためである。第四に，豊かな社会の実現は教育の民主的な普及にもつながり，このため資本主義に敵対的な知識人（彼らは製造活動に従事しない）が多く輩出することになる。

　シュンペーターは均衡と発展，静態と動態，革新者と模倣者，資本主義と社会主義，経済と社会など，二項対立をまず描きながら，相互の影響関係による内生的な発展・進化を常に考えた大学者であった。

3　ハイエクの自生的秩序

オーストリア学派から英米へ

　内生的な進化というトピックには，ハイエクの存在も欠かせない。ハイエクはその初期に，ワルラスの一般均衡理論とオーストリア資本理論を融合させる仕事に専念していた。銀行なしのモデルでは，生産期間と相対価格が与えられれば貯蓄と投資が等しい状態が実現するが（中立利子率），銀行信用という攪乱要因が導入されると，インフレによって強制的な消費減少（＝貯蓄増加）が発生する。古典派的な世界では，貯蓄の増加と投資の増加は同じ現象なので，ここで過剰な投資によって消費財〜生産財の生産バランスが崩れ，好況と不況の波が必然的に発生する。

　マクロ経済学の創生期には，投資と貯蓄，およびその乖離による物価変動が大いに注目されたので，ハイエクはケインズ等と激烈な論争を引き起こした。やがてケインズ経済学の確立により，ハイエクは経済モデルの善し悪しよりも，その背後に流れる思想的な源泉に注目を移していく。

　その宣言がまず『隷属への道』（1944）による反撃であった。社会主義・全

体主義・福祉国家は一見，別物だが，人為的で傲慢な計画に基づくという点で
同根である。社会主義は肉体労働者（ブルーカラー）の利益を，全体主義は事
務労働者（ホワイトカラー）の利益を，それぞれ代弁している。福祉国家はより
広範な人々の利益に訴えかけているので，より永らえることになった。同書の
縮約版はアメリカで大ベストセラーになったが，その名声と引き換える形で，
経済学の発展という観点からは，ハイエクは取り残されていった。アメリカの
シカゴ大学に拠点を移したハイエクは，自由，法の支配，認知心理など，社会
の秩序を支える条件を沈思した。

市場と自生的秩序

　ハイエクの最重要概念は**自生的秩序** spontaneous order である。これは各人
の意図とは別に，しかしその行為の繰り返しの結果，明瞭な計画なしに，自然
と形成された社会制度・社会秩序のことである。具体的には，法・言語・貨
幣・慣習などがあり，中でも最も巧妙な発明が「市場」market である。我々
は自分が持つ情報や知識を最大限に利用して，様々な状況を認知し，決断し，
行動する。その際に，生き残っている巧妙な仕組み（伝統や道徳も含む）を十分
に使えば，無知や不確実性に対処して，それなりの結果を得やすい。ハイエク
はこうした秩序を破壊する元凶として，理性の濫用を徹底的に嫌悪した。特に，
不況の場面で公共事業を追加することは，インフレや政治家の介入を招くとし
て，赤字財政に至る裁量主義を傲慢な装置と断じた。ハイエクの自生的秩序は，
マンデヴィルやスミスの議論と強い親和性があるが，それ以上に，ダイナミッ
クな知識の獲得・利用を含む点に斬新さがある。進化と秩序が同時に展開して
いるのである。

　ハイエクはノーベル賞受賞（1974年）を契機に，リバタリアン（自由至上主義，
自由放任主義の主導者）と見なされるようになったが，そのような単純化は許さ
れないほど，その思想は奥深い。

（5）　この線上で，『選択の自由』（1980）で一般にも著名になったフリードマンの思想的源
　　　泉と見なされることも多い。

4　ガルブレイスの拮抗力

　ヨーロッパから移動してアメリカで活躍したシュンペーターとハイエクと異なり，ガルブレイスはアメリカ制度学派を生粋に受け継ぐ者である。彼は名文家として，多くの著作を世に出し，無数の読者を獲得した。各著作に散りばめられた新規な用語の解説を中心に，ガルブレイスの業績を読み解こう。

拮抗力と依存効果

　『アメリカの資本主義』（1952）では**拮抗力 countervailing power** という概念(ⅴ)が発明された。通常，経済学では完全競争が理想とされ，その逸脱として独占・寡占が位置づけられる。ガルブレイスはアメリカの産業発展を顧みると，鉄鋼・自動車・煙草・アルミニウムなど代表的な産業では独占や寡占が常態であるという事実から出発し，それでも独占に対抗する「新しい抑制装置」があれば，経済調整が成功する場合もあると論じた。巨大メーカーに対するスーパーチェーン，鉄鋼会社と自動車会社，大企業と消費者協同組合（または労働組合）(6)など，単に独占や寡占の弊害を説く主流の経済学と異なり，独占力を制限する集団的な力の意義を市場の中で認めた。彼は拮抗力が自生しない分野では，政府が育成することも勧めている。ただし，インフレ局面では拮抗力はうまく働かない（中村 2012：56，60）。

　最大のロングセラー『ゆたかな社会』（1958）では**依存効果 dependence effect**(ⅵ) が指摘された。主流の経済学が想定する事態とは異なり，欲求は独立に自ら湧いた需要ではない。強力な広告・宣伝によって，欲求そのものを生産者が作り出しているのである(7)。需要と供給の独立こそ経済学の大原則であるが，

（6）　日本国憲法28条：勤労者の団結する権利及び団体交渉その他の団体行動をする権利は，これを保障する。

（7）　ヴェブレン「みせびらかしの消費」やデューゼンベリー「デモンストレーション効果」を思い起こさせる。『ゆたかな社会』（第11章四／訳207頁）。

ガルブレイスはその原則を簡単に破っている。

　この依存効果を含め，静かなインフレ（寡占による価格転嫁）と社会的バランスの喪失（そうしつ）という3つの要因(8)が，豊かな社会における新しい病である。静かなインフレとは，飢餓や戦争と関係づけられた激しいインフレではなく，物価の数％だが持続的な上昇を指し，実質賃金が下がっていく状況である。社会的バランスとは，民間部門による財サービスの供給と，公共部門による財サービスの供給の関連を意味する。前者は市場に任せ，経済成長と共に大量生産が可能になったが，後者は道路・公園・図書館など公共財的性格を帯びた生産（あるいは貨幣に換算できない活動）はまだ足りない。こうして経済成長が行われても，「豊かさの中の貧困(9)」という問題を改めて直視しなければならないのである。

承認と決定の分離

　『新しい産業国家』（1967）では，**テクノストラクチャー** technostructure が重要になる。ガルブレイスは現代が計画化体制にあると特徴づける。巨大な資金，膨大な生産期間ゆえに，製品が市場に出た時に投資資金を回収できない不確実性が存在する。そのためには技術・販売・資金など，先端的な技巧を操（あやつ）る専門家集団が企業の内部に必要となる。彼らをテクノストラクチャーと呼ぶ(vii)。19世紀までは，個人としての企業家が自分の周辺（家族・友人）を巻き込んで資金調達を行い，自らの主導権で個人商店を経営していた。ところが，20世紀の前半はむしろ，所有と経営の分離(10)が進んだ。すなわち，株式会社を所有する者（株主）と，実際に運営している者（経営者）とが分離し，前者が有限責任しか負わずに小さな権限しかない(11)ため，後者に圧倒的な力がある。

　ところが，ガルブレイスは決定と承認を分離し，確かに経営者（役員）は株

（8）　古い病は，物質的貧困，所得分配の不平等，経済的な危機であった（中村 2012：84）。

（9）　元々，ケインズによる論文名（1934）でもある。

（10）　バーリ＆ミーンズ『現代株式会社と私有財産』（1932）。あるいは，管理者革命 The Managerial Revolution を唱えたバーナム『経営者革命』（1941）。

（11）　分散した個別の株主が，所有する株式の分しか責任を負わないこと。個人商店の場合は，無限責任が通常であった。

式会社の重要事項を承認しているが，その情報源は専門家集団による見解に大きく左右されている。つまり，事実上，テクノストラクチャーが経営の決定権を持つ。またガルブレイスは株式会社を四層に分け，それぞれ行動誘因が異なるとも論じた。一番外部にいる株主は金銭的動機が大きい。その内部のブルーカラーも金銭的動機が大きいが，共鳴もある。その内部のテクノストラクチャーは共鳴および主導性が強くなってくる。中心にいる経営者は再び金銭的動機にも強く影響されるが，同時に，共鳴および主導性にも左右されている。

　ガルブレイスの強みは，現実のアメリカ経済をつぶさに観察することで，組織の多様性・動態を新しい概念で読者（非専門家）に平易に提示したことにある。概念の新奇さと説明の巧みさが，多くの読者を獲得した理由であろう。

5　都留重人の科学者の社会的責任

　日本の経済学者として，理性的批判者 an intelligent radical とも称される都留重人を短く取り上げよう。1930年，治安維持法で第八高等学校を退学除籍されたため，アメリカに渡って，現地のカレッジからハーバード大学に転校した。そこでシュンペーターに師事し，多くの世界的な学者と交流した。第二次世界大戦のさなか，ハーバード大学講師の地位を捨て，帰国して外務省嘱託となった。戦後は，第1回の『経済白書』を執筆するなど，日本の復興を学術面・実務面から支えた。復興が現実化した時には，高度成長の負の側面に警鐘を鳴らし，『公害研究』を発刊するなど，科学者の社会的責任を強く打ち出した。

---

(12)　強制・金銭的動機・共鳴 identification・主導性 adaptation。「共鳴」とはここでは，組織の目標が先にあり，自分の行動を合わせていくこと。「主導性」とは，自分の目標が先にあり，組織をそこに引っ張り上げることである。
(13)　『不確実性の時代』（1977）も流行語になった。
(14)　当初は『経済実相報告書』（1947）と称していた。2001年以降は名称が『経済財政白書』に変更された。

MAGE 運動

都留は軍事と営利という刺激が技術と一体化している現状を批判し，イギリスの MAGE 運動から示唆を得た（都留 2004：40）。M は隣接分野との媒介（media），A は自律的（autonomous），G は社会の位置づけを常に考える科学者（generalist），E は優れた能力や矜持を持つ者（elite）である。都留はラスキンの「労働の人間化[15]」，モリスの「生活の芸術化[16]」という標語も参考にした。つまり，「生命（生きること）こそがこの世の宝」There is no wealth but life. である。そのような生を実現するために，科学者は社会的な責任を果たさなければならない。専門分野では自主的・主体的でありながら，隣接領域にも眼を配って媒体となり，科学の社会における位置づけを常に考え続ける矜持（自信と誇り）を持つことである（都留 2004：70）。

6　後世への影響

本章で「孤高の経済学者」の代表たる 4 名の学説を解説した。シュンペーターは経済と政治体制，ハイエクは経済と法哲学・倫理学・心理学，ガルブレイスは経済と心理学・経営組織，都留は経済と自然科学について，それぞれの相互関連に注目した。いずれも経済と隣接領域をまたがる大きな洞察を秘めていたため，その学風をそのまま引き継ぐという意味の弟子は存在しなかった。

模倣者が現れないという意味で，この 4 名は，シュンペーターによる「革新的な企業家」の定義からは外れる。しかし，多大な影響力を後世に残したという意味で，彼らは孤高の輝きを持ったと言えるだろう。

原　典
ガルブレイス（1972）『新しい産業国家』都留重人監訳，河出書房新社。
ガルブレイス（2006）『ゆたかな社会（決定版）』鈴木哲太郎訳，岩波現代文庫。

---

(15)　苦痛の生じる労働ではなく，知性の煌めきが発揮される仕事である。
(16)　生きている喜びを自発的に表現できるところに真の芸術がある。

ガルブレイス（2009）『不確実性の時代』斎藤精一郎訳，講談社学術文庫。

ガルブレイス（2016）『アメリカの資本主義』新川健三郎訳，白水社。

シュンペーター（1977）『経済発展の理論』上・下，塩野谷祐一ほか訳，岩波文庫。

シュンペーター（2016）『資本主義，社会主義，民主主義』Ⅰ，大野一訳，日経
　BP 社。

都留重人（2004）『科学と社会——科学者の社会的責任』岩波ブックレット。

ハイエク（1986）『市場・知識・自由』田中真晴・田中秀夫編訳，ミネルヴァ書房。

ハイエク（2008）『隷属への道』（新装版）西山千明訳，春秋社。

バーナム（1965）『経営者革命』武山泰雄訳，東洋経済新報社。

バーリ，ミーンズ（2014）『現代株式会社と私有財産』森杲訳，北海道大学出版会。

練習問題

問題1

新結合の5項目について，それぞれ自分が思いつく具体例を挙げなさい。

問題2

ハイエク『隷従（隷属）への道』の翻訳を三種類調べ，それぞれの解説でどのようなまとめがなされているか，抜粋しなさい。

問題3

伊東光晴『ガルブレイス』の巻末を参照に，ガルブレイスの著作が日本で何冊ぐらい訳されているか，その理由を含めて考えなさい。

問題4

都留重人と同様に，主流派を熟知しながらその限界を告発し続けた経済学者に宇沢弘文がいる。その評伝『資本主義と闘った男』を手に取り，なぜこのようなタイトルになっているのか，都留と宇沢を比較しながら論じなさい。

第14章

経済学の現代的発展

——精緻化から多様化へ——

> 短期的にはこれらの人々を福祉政策に依存させておくより
> は，低賃金で魅力の少ない仕事であってもそれらの仕事に従
> 事させるべきだ。そうすれば長期的には遙かに人道的な結果
> がもたらされる。
> 　　　　　　フリードマン『選択の自由』（第4章／訳283頁）
> 　私が「企業の本質」(1937) で示したことは，取引費用が
> 存在しない場合には，企業が存在する経済的理由はないこと
> である。
> 　　　　　　　コース『企業・市場・法』（第1章／訳32頁）
> 　市場は時折……市場の各参加者が合理的に行動している時
> ですら，全体としては不合理となるような攪乱的な形で行動
> することがありうる。
> 　　　キンドルバーガー『熱狂，恐慌，崩壊』（第3章／訳55頁）

── 本章のねらい ──

　本章は戦後から現代まで，経済学の発展を概観する。この時期に経済学は極
めて多様な進化を見せ，最終的に現代経済学の姿になった。ここでは，そこに
至る道筋を三画期に分けて理解しよう。1930年代から1970年代初頭まで，1970
〜80年代，1990年代以降である。

Keywords：新古典派総合，計量経済学，小さな政府，社会工学，ゲーム理論，コース
　　　　　の定理，異端派，限定合理性

1　第二次世界大戦後の三画期

アメリカの覇権へ

　第一の画期として，1930年代から1970年代初頭まで，社会問題を解決する有
益な学問として，経済学は「社会科学の女王」を自負し，あるいは「経済学帝
国主義」と揶揄されるほど存在感を増した。マクロ面からはケインズ経済学の
全盛，ミクロ面からは一般均衡理論の席巻，さらに両理論をまたぐ計量経済学

の勃興という三重の充実ぶりであった。1930年代から国際交流がさらに進んだことでイギリスの絶対的優位性は揺らぎ，第二次世界大戦の終結でもって（ナチス政権からの人材流出もあり），覇権国[H]（超大国）の交代と共に，経済学の中心もアメリカに移った。

　戦後から1970年代までは「福祉国家の合意」あるいは「資本主義の黄金時代」と呼ばれ，**新古典派総合**[(2)]という標語で，ケインズ経済学とそれまでの経済学が同居していた。ケインズ経済学は「福祉国家の時代」にあって，適切な政策による成長と公平の両立を可能にさせたかに見えた。しかしその影には，客観的に明示される数値・順序のみを経済学は対象にすべきだ，というサミュエルソンの方法論[(3)]が急速に学界を席巻していた。

新古典派総合の崩壊

　第二の画期として，1970〜80年代は権威の失墜（しっつい）に象徴される。マクロ面では，単純化されたケインズ体系（*IS-LM*分析[E]やフィリップス曲線）に対して，激しいインフレやスタグフレーションという現実を背景に，フリードマンやハイエクによる強烈な反撃が功を奏（そう）した。マネタリズムと合理的期待形成学派の優勢により，ケインズ経済学は主役から脱落した。その結果，裁量的な介入主義に代わって，「規制緩和」「小さな政府」「選択の自由」が再び大きな流れになった。ミクロ面では，ゲーム理論による静かな革命が進み，受け身の経済主体（極小で無数の存在）からではなく，寡占的な状況の戦略から出発するという現実性が徐々に支持を得た。全体として，新古典派総合という考えが瓦解（がかい）し，「経済学＝稀少性＋選択」という理解が支配的になった結果，マクロ的現象を経済主

（1）　方法論（視野）の一元化・限定化で，目的に関与しない価値中立という自己像がある。また，適用範囲の拡大化によって，すべての社会現象を統一原理によって説明する傾向も出ている。

（2）　資源の未利用がある状態ではケインズ経済学を，完全雇用を達成したら新古典派経済学を，採用すべきだという考え。

（3）　アメリカの実用主義（プラグマティズム）[H]とも言える。フリードマンの方法（現実と無関係な前提でも，その結論が実証できる理論こそ有用である）も影響力を持った。

体の合理的行動から引き出すという認識⁽⁴⁾が当然視されるようになった。他方，
不均衡動学，制度の経済学，法と経済学，経済人類学，エントロピー経済学な
どの分野で，社会現象を多様なアプローチで理解しようという潮流も存在した。

　最後に第三の画期として，1990年代以降の現在まで，次々と新しい分野が勃
興しているが，自らの自己像を確定しにくいという意味で，経済学は同一性・
結束性が欠如した状態にある。この特徴は本章の最後に触れよう。

　第2節は，学術の国際交流が制度化された1930年代から1970年代頃まで，7
分野における理論的発展を追う。第3節は，現代の経済学を豊かにした5つの
領域について一瞥する。第4節は，経済学の豊穣さをさらに示すためにも，
主流派の経済学とは異なる性格を持つ異端派の類型を紹介する。第5節は，21
世紀の経済学に特徴的な2つの分野を紹介し，社会科学としての経済学に必要
な視野を示唆する。

2　1930年代からの理論的発展

　国際的な専門雑誌の創刊，計量経済学会の創設，国際的な研究機関や亡命・
難民による人的交流によって，1930年代から経済学の国際化がさらに進展した。
同時に経済学の制度化⁽⁵⁾が急速に進み，大恐慌やファシズムという内外の危機を
克服すべく，ケインズ革命以外にも多くの理論的革新が生まれた。

　ここでは7つの分野を取り上げ，略述する。それらは純粋に理論的な興味か
ら発展した分野や戦時に用いられた分析の平和利用もあるが，資本主義は生き
延びられるか，さらに成長できるか，経済は制御可能なのか，という大きなテー
マでは共通する。

（4）　「マクロ経済学のミクロ的基礎付け」と呼ぶ。
（5）　大学・学界などで教授職・専門雑誌・学位などが整って，経済学者を供給および需要
　　　できる体制が実現できること。

社会主義は効率的か

第一に，社会主義経済計算論争である。社会主義と資本主義のどちらが優れた体制か。ロシア革命（1917年）によって社会主義政権が現実化した中で，オーストリア学派のミーゼスやハイエクは，市場（価格機能）がなければ経済計算（効率的な一般均衡を求めること）はありえないと論じた。一般均衡理論を熟知していたバローネやランゲ等の陣営は，コンピュータの発達に期待を掛けつつ，社会主義政権でも中央計画当局が競売人のように，方程式を解くように均衡を計算できる，さらに効率だけでなく公平も実現できると論じた。理論的には経済計算は可能だが，実際には不可能[6]という形で，この議論は収束した。ただし，ハイエクは分散した知識の効率的利用という面（学習）で，市場の優位性をさらに確信した。

寡占への注目

第二に，不完全競争論の勃興である（中村ほか 2001：195）。ワルラスの完全競争も，市場に１つしか供給者（あるいは需要者）がいない場合も，どちらも極端な想定である。企業は価格を完全に所与と受け止めているわけでも，完全に制御できるわけでもない。その中間形態（寡占[E]）に，理論的・実証的に光が当たるのは必然であった。イギリスの J. ロビンソンは地理的・心理的要因から，分断された市場，つまり右下がりの需要曲線に直面する企業を想定した[7]。この場面で企業は 限界収入＝限界費用 となる点で利潤最大化を行うため，完全競争の均衡点よりも過少な取引量と過大な取引価格が実現してしまう。ロビンソンは労働市場でも財市場でも，少数の買い手・売り手として労働者（消費者）を苦しめる独占的企業を告発していた。

他方，アメリカのチェンバリンは，たとえ価格を支配する力があっても，企

（6）　現在，位置・決済などの情報を一元的に収集できる技術が可能になったため，社会主義政権における経済計算という論題が再燃している。

（7）　完全競争では，極小の個別企業は（価格への影響力は無視され）無限に販売できるため，全体の需要曲線は水平となる。

業同士が競争する寡占的な状況に注目した（独占的競争論）。企業は広告戦略・製品差別化などで，他社を出し抜くこともありうる。この側面は後にゲーム理論や組織の経済学に繋がる。さらに，1935年のオックスフォード調査により，企業は限界原理（価格＝限界費用）ではなく，フルコスト原理（原価＋一定の利潤）によって価格を決めていることが判明した。

計量経済学の勃興

　第三に，計量経済学の誕生である。ペティの数量化把握を受けて，農産物や景気循環に統計的手法が早くから用いられていた。19世紀後半のイギリスでの議論（統計学と経済学の関係），20世紀初頭の優生学での議論（氏か育ちか，データで決着）を踏まえて，イギリス・ノルウェー・オランダ・アメリカなど多様な国籍を持つ者が，理論に実証の裏付けをという旗印で計量経済学を学問として発展させた。ケインズは経済的な変数が時間を通じて同質的ではないと論じ，この分野に慎重な姿勢を隠さなかったが，ケインズ経済学の興隆そのものが，マクロ的関数（消費・投資・貨幣需要・貨幣供給・物価・失業率等）の推計など，計量経済学の発展に大きく関わった。それゆえ，現在の経済学教育では，マクロ・ミクロ・計量という三点セットが大学院で標準とされている。

経済成長論の変遷

　第四に，経済成長論（および開発経済学[8]）の誕生である。経済成長の源泉について持続的な関心があるが，その潮流は時代によって大きく変わっている。4つの局面でまとめておこう。①ハロッド＆ドーマーモデル（1930年代から）：ケインズ経済学の影響下で，投資が有効需要を創出するだけでなく，生産力（資本ストックへの追加）を創出することが重視された。産出量と資本ストックの間

（8）　先進国と開発途上国の成長・格差に焦点を当てる。構造学派（プレビッシュ），二重経済モデル（ヌルクセ，ルイス），従属学派（フランク，アミン），累積的因果関係論（ミュルダール）など，1940〜60年代には多くの論者が，開発途上国を先進国における「市場の失敗」以上の困難さを抱えていると見なした。

に固定的な関係（資本係数）が想定され，特にハロッドは不安定性定理（ナイフ・エッジ）を唱え，財の需給均衡を保証する成長率は達成しにくいと主張した。②ソロー＆スワンモデル（1950年代から）：資本と労働が自由に代替できるという仮定のもと，成長経路の安定性が唱えられた。経済成長は人口成長率＋技術進歩率という外生変数によって定まり，供給側が重視された。

　③ローマーモデル（1990年代から）：内生的経済成長論とも呼ばれ，技術進歩率を，知識の増加および R & D の効果で説明し，外部性を用いて収穫逓増が説明される。ソローモデルと同様に，貸付資金説（利子率の調整で貯蓄＝投資）が仮定されるので，セー法則が成立する。④ラムゼーモデル（2000年代から）：個人の最適行動からマクロ現象を説く一連の方法で，貨幣なし，代表的個人の存在，無限期間を考慮した最適行動という特徴を持つ。中でも実物的景気循環理論（RBC）によれば，技術的ショックのみが景気循環の源泉である。現在は，動学的確率的一般均衡モデル（DSGE）が支配的となる。経済の各状態を常に均衡と見なして，線型近似の最適化が適用される。現実には経済に歪み・外部性が存在するので，その補正に金融政策などが必要となる。

数理化の推進

　第五に，線型計画法の活用である。戦時中，オペレーションズ・リサーチが[9]英米で特に活用された歴史を踏まえて，戦後，経済・経営の各状況に応用された。とりわけ線型計画法は，複数の等式不等式によって与えられた条件下で，目的とする関数の値を最小（大）化することであり，ミクロ経済学の流儀に最も適合的である。また，レオンチェフによる産業連関表の開発・流布，フォン・ノイマン等によるゲーム理論の展開など，線型問題と分類される分野も大きく発展した。

　第六に，一般均衡理論の精緻化を頂点とした数理経済学の急伸である。ワルラスは経済を需要と供給の連立方程式で記述し，その方程式と未知数の数を一

（9）　数学・統計・アルゴリズムを利用して，複雑な状況において人間の意思決定を支援する仕組み。

致させることで，一般均衡の存在を証明したと自負した。しかし1930年代から
もっと厳密な証明が望まれ，多くの数学者・経済学者が「存在証明」に従事し
た。その結果，1950年代までに，厳密な数理的条件[10]を満たせば，数学的に極め
て一般的な状況で，一般均衡が存在することが証明された。さらに，一般均衡
の「安定問題」もやや遅れて議論され，同じくある種の条件（粗代替性の仮定）[11]
によって，一般均衡の状態が安定的であると証明された。このように，微積分
のみならず，集合・位相論など高度な数学も部分的に用いることが，経済学の
大きな特徴となり，数理経済学という分野が繁栄することになった。ただし，
上記の数理的な諸条件が社会的・経済的にどのような意味があるのか，一般的
なのかについては，議論の余地が残っている。

厚生経済学の発展

　第七に，厚生経済学の段階的発展である[12]。ピグーが創始した厚生経済学は，
イギリス経験論の伝統からか，実体のある効用に基づいていた。すなわち，限
界効用が逓減したり，個人間で比較可能であったりした。しかし，「パレート
の基準」[13]が急速に経済学に浸透した結果，ある状態とある状態の順序や選択の
みを考慮した基準に取って代わった。これを新厚生経済学と呼び，ヒックスや
カルドアの補償原理，サミュエルソンやバーグソンの社会的厚生関数[14]という2

---

(10)　コンパクト性，凸性（収穫逓減の別表現），連続性などの数学上の概念と，不動点定
　　　理が必要となる。また，アロー＆ドブリューモデルとは，｜交換経済（消費集合，選好
　　　関係，初期保有量），消費者の企業株シェア，生産可能性集合｜という集合からなる私
　　　的所有経済の状態である。
(11)　経済に存在するペアの財のどれを取っても，粗代替財（他財の価格上昇が自財の需要
　　　を増やす）になっていること。
(12)　「厚生経済学の基本定理」が著名である。ある一般的な条件で，すべての競争（ワル
　　　ラス）均衡はパレート効率性を持ち，逆にある限定的な条件（一括固定税などの特別な
　　　税制）において，政府が適切な資源再分配を行えば，パレート効率的な配分は競争均衡
　　　に到達できる。小畑（2014：194）や川俣（2016：277）を参照。
(13)　他の全員が同じ状態で，1人でも改善した場合をパレート改善と呼び，パレート改善
　　　できない場合をパレート効率性が達成されていると定義する。

つの流儀を生んだ。新厚生経済学の誕生によって，経済学は古典派経済学（労働という価値・実体を重視）と限界革命（効用という価値・実体を重視）から脱皮し，方法論的には完全に新しい段階（価値判断を切り離した形式化；事実解明的な側面）に突入した。

　ただし，この新厚生経済学の中からも，価値判断の切り離しに批判的な論調も存在する。アローは「不可能性定理」を掲げ，民主主義社会において，個人的な好みから社会的な選択を導く困難さを厳密に証明した。センは個人の判断（選好・利害・厚生・選択など）と社会の判断との関係に反省を迫る**潜在能力アプローチ**を提唱した。両者ともに，社会選択理論という新しい分野を創始・発展させた。経済のあるべき姿を厳密な数理的条件で考察する分野（規範的な側面）である。

3　現代の新しい分野

　この節では，さらに20世紀後半からの発展に注目しよう。そのうち，現代経済学の重要な論点でもある5つの領域を，ここで取り上げる。

マネタリズムからルーカス批判へ

　第一に，マクロ経済学の論争である。ケインズ経済学の確立と社会工学の視点により，マクロ計量モデルの推計が大規模に行われた。あるいは統計データから，フィリップス曲線やオークンの法則などの経験則が見出され，失業率と

---

(14)　サミュエルソンは一般向けに教科書『経済学』（初版1948，19版2010）を執筆し，専門家向けに『経済分析の基礎』（1947）を上梓した。前者では「新古典派総合」が提唱・実践され，後者ではパレート基準以外の価値が意図的に排除された。前者の命運は1980年代までに潰えたが，後者の意図は現在も圧倒的な存在感がある。

(15)　それまでは 効用→無差別曲線→需要関数 という因果が当然視されていたが，サミュエルソンは 価格・消費量という観察データ→消費者の選好推測 という方向性を持つ「顕示選好の理論」を打ち立てた。

(16)　社会現象に工学的アプローチ（工業製品に役立てる応用的な科学技術）をかけること。

物価・GDP 成長率などの関係性が明らかになっていた。単純化されたケイン
ズ経済学はこれらの道具立てを用いて，完全雇用を導くために必要な財政・金
融の政策を提言した。しかし，フリードマンを筆頭とするマネタリストは貨幣
数量や適応的期待を重視し，総需要を喚起する政策は短期には有効かもしれな
いが，長期には無効である，裁量よりもルールが望ましいという論陣を張った。[17]

　さらにルーカス等は合理的期待形成を前提とすれば，裁量でもルールでも何
らかの政策は，その告知や実施によって経済主体の行動をさらに動かしてしま
うから，意図した政策が実現できない，という根源的な視点を提供した。この
「ルーカス（による）批判」（1976年）は，それまでのマクロ計量モデルの有効性
に疑念を挟み，経済主体の最適行動を組み込んだマクロ経済学の必要性を決定
づけた（マクロ経済学のミクロ的基礎）。現在は，裁量的政策の必要性を説くニュ
ーケインジアンも，介入政策の最小化を指向する新しい古典派経済学も，とも
に代表的個人による長期にわたる（確率的な）最適化行動を取り入れている点
では，方法論として大きな差異はない。

ゲーム理論の拡張

　第二に，ゲーム理論の全盛により，1980年代以降，ミクロ経済学の見方が大
きく転換した。それまでは競争的な市場（多数で微少な経済主体，所与の価格）が
効率的な配分をもたらすという世界観が，寡占的な場面（価格だけでなく，相手
の手駒を読み合う状況）での振る舞いを前提とすると，どのような制度設計が望
ましいかという視点に置き換わったのである。[18] ゲーム理論はプレーヤー・戦
略・利得の３つから構成される。その端緒は，フォン・ノイマン＆モルゲン
シュテルン『ゲームの理論と経済行動』（1944）にあるが，当初，特殊な想定
に頼っていたため，経済学への応用は注目されなかった。

　しかし，1950年代以降，２人ゼロ和ゲームから n 人非ゼロ和の非協力ゲー

---

(17)　予想の改訂を含む長期のフィリップス曲線が垂直であったり，政策には認知・実行な
　　　どのラグにより適切な政策は原理的に困難であったり，という理由付けがある。

(18)　ただし一般均衡の状態では，両者は一致する。

ムに拡張されると，ナッシュ均衡^Eという概念によって，寡占的行動の統一的な理解が進んだ。さらに競争均衡との差異研究，繰り返しゲーム・進化ゲームの開発など，様々な拡張も図られた。現在，寡占理論，産業組織や契約，情報の非対称性，制度設計（オークション・割り当て）など，多くの応用分野にゲーム理論は用いられている。

リスクの経済学

　第三に，情報の非対称性（不確実性）を組み込んだ経済学の発展である。宝くじを買う，保険に入るなど，人々はリスクを求めたり回避したり，様々な行動を取る。期待効用理論というモデルを用いると，数学的な期待値をその人がどのように評価するかによって，リスクへの愛好度・回避度が定まる。この考えは，資産選択理論や保険理論に応用された。また，一方が正確な情報を持ち，他方が持たない場合は，様々な軋轢が生じる。例えば，経営者と株主，弁護士と依頼人，中古車を売る人と買う人などの間には，情報量の差や利益相反が発生し，望ましい取引が実現しにくい。特に，モラルハザード^E・逆選択^E・シグナリング^E，プリンシパル～エージェント問題^Eなど，重要な概念が相次いで発明された。

組織と制度の考察

　第四に，組織・制度の経済学の展開である。伝統的に，経済学では企業は「質点」に過ぎず，生産要素を雇って生産物を産出する機能としてのみ存在した。しかし，現実には歴史的な制度のもと，多様な組織と複雑な行動が存在する。この中で**コースの定理**が画期となった。これは，様々な権利が当事者間で確定しており，取引費用がかからないと仮定すれば，市場の失敗があっても，政府の介入なしに効率的な資源配分が実現するという定理である。コースは逆に，取引費用が存在するから企業の存在意義があるとも主張しており，この定理をめぐる解釈は難しい。ただし，この観点によって，市場の失敗（外部性・公共財・収穫逓増など），法的権利，労使の慣行など，様々な問題が企業の問題

として必然的に付与されていることが判明した。付随して，法と経済学，習慣
と契約の経済学，制度の経済学など，より現実的で広範な視野を持った分野も
誕生している。

資産市場の拡張とファイナンス理論

　第五に，現実の資産市場が拡大するにつれ，金融活動における様々な評価や
意思決定を支援する知識，すなわちファイナンス理論が必要となった。この理
論は次の二種を主に論じている。①資本市場 capital market：株式・債券・為
替・デリバティブ（元になっている金融商品から派生した取引；将来の売買をあらか
じめ約束する先物；将来に売買する権利をあらかじめ売買する option 取引）などの最
適な投資方法を知る。②企業金融 corporate finance：資金調達の方法，ガバ
ナンスと企業価値，M ＆ A，新規株式公開における価格の特性を知る。ブラ
ック＝ショールズ方程式など，現実の経済に大きく影響を与えた新機軸も発明
されていた。

4　異端派の大同団結

異端派の一覧

　第15章第３節で述べるように，経済学を主流（正統派）と傍流（異端派）に分
けるならば，本章の第２節や第３節で述べた発展史ではほとんど触れられない
一群の潮流もある。彼らは様々な異端派を構成し，それぞれ創始者（始祖）と
見なす経済学者の定式化しにくい側面を重視する。例えば，マルクス，シュン
ペーター，ケインズ，ミーゼスとハイエク，マーシャル，スラッファが，彼ら
の始祖となる。ネオやポストという接頭語は，始祖の問題意識を現代的な分析
として再生させるという意味がある。各々の特徴を以下で一瞥しておこう。

　ネオ・マルクス学派は，『資本論』（1869）が持っていた複雑な論理体系の再
構成にさほど拘らず，マルクスが重要視した疎外や搾取という概念や権力構
造を，現代的に蘇らせるにはどうするかという問題意識がある。数理マルク

ス，規範的実在論など，いくつもの流儀がある。ネオ・シュンペータリアンは，『経済発展の理論』（1911）などが持っていた資本主義の動態論を，独自の視角（非連続的な発展）で進化させる試みを持つ。ポスト・ケインジアンは，『一般[19]理論』（1936）の静態的な性格ではなく，『貨幣論』（1930）や「雇用の一般理論」（1937）を導き手として，不確実性に対処する動態的な歴史的時間を重視する。ネオ・オーストリアンはミーゼスやハイエクと問題意識を共有し，数式モデルには頼らず，専ら哲学的な考察から企業論・知識論（主体的・動態的な学習プロセス）を展開する。主にアメリカで活躍する者が多い。ネオ・マーシャリアンは『経済学原理』（1890）というよりは，『産業と商業』（1919）を参照して，主に産業組織の動態を個別具体的に歴史的に継承しようと試みている。ここまでの各学派は進化経済学と呼ばれる分野とも共有する部分が大きい。スラッフィアンは，リカード・マーシャル・ケインズからそれぞれ不変の価値尺度，産業の収穫逓増状態，自己利子率という基本概念に触発され，実物的側面（分配構造・技術水準など）から古典派経済学の復権を唱えている。

レギュラシオン理論の包括性

　最後に，「調整」という意味を持つレギュラシオン理論[20]を取り上げよう。この理論は経済停滞が顕在化した1970年代半ばにフランスで生まれ，上記に挙げた様々な学派にまたがる包括的な視野を持っている。そこでは，労使関係・信用形態・生産構造・介入的政策・国際関係という様々な制度が注目される。その結果，ある程度は持続するマクロ経済構造や「調整様式」（人々の合意・妥協→制度・慣習の確立→人々の行動基準という循環）が記述できる。さらに，完全競争から寡占へ，同一製品の大量生産から多様製品の少数生産へ，高度成長から

（19）　この学派は経済（生産や雇用の水準）を主導する投資に注目した上で，投資資金がどのように調達されるかに特に関心がある。近年，現代貨幣理論（MMT）と称する赤字財政主義がこの学派とも近い。

（20）　マルクスの再生産論・資本蓄積論，ケインズの不均衡論，歴史学派や制度学派の制度論などの成果を取り入れている。岡本・小池編（2019：169），鍋島（2020：249）も参照のこと。

低成長へなど，変容する資本主義の姿を描くことが可能になる。この理論はミクロとマクロの中間にあるメゾの領域にも注目し，多様な資本主義における中期的な安定性（調整）と，長期的な変動性（危機）を説明しようとしている。

大同団結の可能性

以上，様々な異端派の流儀があるが，大まかには貨幣や時間の取扱に単純化を許さないこと，市場機能の帰結について礼賛しないこと，マクロ的現象とミクロ的主体の関係性について単純化しないこと，などの点で共通点も多い。こうした異端派の拒絶的側面は，多くの場合，いわゆる主流派が正面から顧みることは稀だが，暗黙裏にその一部を取り入れる形でモデル構造を洗練化させる場合もある。むしろ現代の経済学は多くの知見を無定見に取り入れる傾向があるため，鵺やキメラのような比喩で，経済学の自己像を確定しにくくなっている。このような現代，異端派に求められているのは，単に藁人形としての主流派を拒絶する機能だけではなく，両者の切磋琢磨を通じて，より創造的な知を醸成していく機能であろう。そのためには，異端派の中の差異を強調するのではなく，その共通点を束ねることで，その大同団結が必要な時期になっている。また主流派の理論的スタイルは対象を細かく限定して，概念やデータ間の厳密な論理性を得意とする。対して異端派の特徴は，経済社会の歴史的な動態の本質を大づかみで把握するのを得意とする。両者の補完関係も重要である。

5　他分野とデータ駆動

2つの流行

2020年現在，経済学には2つの大きな流行がある。1つは行動経済学であり，

(21)　例えば，複雑系やネットワーク理論を取り入れることで，経済の経路依存性や急激な変化といった特徴を捕まえられるかもしれない。岡本・小池編（2019：5-9）は，理論の優位異性と多様性のある学問の堅牢性を理由に，特に教育上の複眼的思考も提供できる「異端派総合」を唱えている。

もう1つは実験経済学である。[22] 前者は合理的経済人という典型的な人間像を外すことから出発し，つまり限定合理性を仮定し，従来の経済理論からは導けなかった非定型的な（しかし規則的な）行動の説明を試みている。後者は実験室および社会の場で，[23] 需要行動など理論が想定してきた結果が実際に観測できるか，できないとしたらどのような仮説や制度が考察できるか，という問題意識を持つ。いずれも1980年頃までは異端のレッテルを貼られながら，その後の40年間でノーベル経済学賞を受賞するほど正統派に組み入れられた。

　こうした潮流は，次の3つの特徴を生んでいる。

現代経済学の三特徴

　第一に，現在の経済学が限りなく多くの分野（心理学，脳科学，物理学，生物学，社会学，法学，倫理学，法哲学，経営学，歴史学），そして経済学の異端派の知見までも手を伸ばしているため，逆に経済学の自己像が描きにくくなっている。この場面で，学説の歴史的整理を行い，常に経済学とは何かを問い続けてきた経済学史の成果を参照するのが有益であろう。

　第二に，現在の経済学が急速にビッグデータを取り入れる環境を整えている。従来の記述統計や推測統計では，少数の標本から一様な分布を持つ母集団をできるだけ再現したり予測したりすることが常であった。しかし，現代のビッグデータ時代では，全データ（ただし，一様で無く，急速に常に変化している）を即時に収集・解析できる道具立てが揃いつつある。理論から実証へではなく，観察から説明へという潮流が訪れている。また，機械学習や社会実験によって，因果関係を解明する強い欲求がある。この潮流にあって，計量経済学の初期論争（理論なき計量か，計量なき理論か，構造変数の普遍性など）を振り返ったり，一様で無いデータが内包する歪み・偏見をすくい取ったり，など経済学の歴史を顧みることが必要となろう。

（22）　現代経済学の見取り図は，瀧澤（2018）にも詳しい。
（23）　ランダム化比較試験（介入・非介入の二群に無作為に分けた社会実験）は，「他の事情は一定にして」というマーシャルの標語に，現代的な装いを与えたとも評価できる。

　第三に，経済政策に関する経済学の態度が**歪み**というキーワードで下支えされている。マクロ的には，DSGE の全盛を受けて，理想（完璧な合理性から導出される無限効率性の状態）から歪んだ状態のみに，金融政策の存在意義を認める発想法がある。ミクロ的には，ゴミ投棄や食品破棄などの問題に対して，ちょっとした図や告知文を添えることで，認知の歪みを持つ人々の行動を変えさせるナッジ（肘で軽く押す）という手法が注目されている。その中間のメゾ的には，例えば臓器移植や周波数割当の問題で，非効率と判定される既存制度の歪みを糺すために，マーケットデザインという手法の有効性が報告されている。以上の政策介入に関しては，そもそも介入主体が無謬の合理的存在でいられるかというオーストリア学派の問いや，観察の理論負荷という科学哲学における古来の未解決問題や，限定されたフレームにおける解法を超える根源的な問いを発する場面がないという疑念などを考察することが有効となるだろう。[24]

　以上，現代経済学の現況やそこに至る理論的発展を概観した。この概観によって，経済学の現在を語る場合でも，経済学史の有益な視点を提供できるだろう。

原　典

カーネマン（2014）『ファスト & スロー──あなたの意思はどのように決まるか？』上・下，村井章子訳，ハヤカワ・ノンフィクション文庫。

キンドルバーガー（2004）『熱狂，恐慌，崩壊──金融恐慌の歴史』吉野俊彦・八木甫訳，日本経済新聞社。

コース（2020［1992］）『企業・市場・法』宮澤健一・後藤晃・藤垣芳文訳，ちくま学芸文庫［東洋経済新報社］。

フリードマン，M & R.（2012）『選択の自由──自立社会への挑戦（新装版）』西山千明訳，日本経済新聞出版社。

---

(24)　例えば，「子供の健康のために，ある調味料を多く消費させる」という限定された目標が明瞭であれば，その調味料のふりかけ口を大きくする，子供が好きな調味料の色・形にするなどの解法があり得る。しかし，子供の健康には何が必要かというヨリ根源的な問題が隠されてしまう。

練習問題

問題1

任意の国を2つ選び，ある期間のフィリップス曲線がどのように推移しているか，実証データを調べなさい。また，フィリップス曲線が長期には垂直になるという理論は，政策的にどのようなことを含意しているか。

問題2

「囚人のディレンマ」というゲーム理論の状態を記述してみよう。そこでのナッシュ均衡が囚人2人にとって最適な解ではないことも確認する。

問題3

レギュラシオン理論を解説している「社会経済学」「政治経済学」などの教科書を手に取り，フォーディズム，蓄積体制，テーラー主義などの基本用語を調べてみよう。

問題4

行動経済学の入門書などを手に取り，プロスペクト理論が期待効用仮説とどのように異なるか，説明しなさい。

問題5

ノーベル経済学賞に関する概説書などを手に取り，他のノーベル賞と異なり，どのような経緯でこの賞が設立されたのか，どのような理論が評価されたのか，どの国籍が多いかなどを調べなさい。

第**15**章

経済学の歴史

──過去・現在・未来──

> 経済学は通常業務(ビジネス)における人間の研究であり，人間の個人
> 的・集団的行動のうちで，福祉の物質的条件を獲得し利用す
> ることと最も密接に結びついている。それゆえ，経済学は一
> 面では富の研究の一部であるが，他方，より重要な面では，
> 人間の研究の一部である。
>
> マーシャル『経済学原理Ⅰ』（第1編第1章／訳3頁）

```
── 本章のねらい ──
　本章では全体のまとめとして，経済学史の利点を改めて取り上げる。第1章
の議論によって，経済学的思考とは，以下の3つを指すと指摘した。①目的の
設定：社会全体の厚生・望ましさ・幸福を問題とする。②マクロ的市場機能：
「市場」という機能が，その「厚生」にどのように貢献するのかを分析する。
③ミクロ的行動類型：人々が主に「市場」において取る行動を，できるだけ一
般化・類型化する。社会全体の厚生を考慮するだけでは，他の社会科学と区別
がつかない。それゆえ経済学が他から際立つのは，「市場」に焦点を当てる視
角である。しかし，「市場を礼賛（または拒絶）する」ことが経済学的思考の
本質とはここでは考えない。むしろ，多くの経済学者は市場機能に対して中
庸を目指していた。また，経済主体の行動も，必ずしも効用（利潤）最大化の
みに限定されないことにも留意しておこう。
```

Keywords：経済学的思考，3つの定義，主流と傍流，代替と補完，たのしみ，たしな
　み

1　経済学的思考とは

経済学的思考：再掲

本章では全体のまとめとして，なぜ経済学史を学ぶのかを再発見する。

第2節では，経済学の定義を三例のみ紹介したのち，外側から見た経済学の

イメージも掲げる。第3節では，経済学的思考の対立点に焦点を当て，何が主流（正統派）と傍流（異端派）の分岐点かを探る。第4節では，経済学史を学ぶ意義を総括する。

2　経済学の定義と一般のイメージ

外側から経済学を眺めた場合，株価や経済成長率を予測して，私利私欲に走り，金儲けに役立てるというイメージを持つ人も多い。このイメージと経済学者が自分自身を定める定義はどの程度，食い違うのだろうか。J.S.ミルが指摘したように，「経済学とは何か」という定義問題は，ある程度，その科学が発展してから，後追いで自己像を確定する議論が深まることも多い。ここでは，経済学の古典的な定義と現代的な定義を対置させ，なおその中間にある定義も考察する。

古典的な富定義

まず，経済学の古典的定義とは，**富定義**である。シーニアは『経済学序講』(1827)において，経済学の理論的部門は「富の性質・生産・分配を扱う」と明確に述べた。J.S.ミルはこうした古典派の議論を引き取り，「経済学は富の生産・分配・消費を規定する法則を我々に教えてくれる」と自覚的に整理した。ここにおいて，何よりも富の生産・分配が重視されていることがわかる。富の中身は何か，それを規定する法則は何かについて，多くの論戦があったが，論争の対象が**富**である（それゆえ成長が主題になる）ことには疑いはなかった。一般の人が抱く経済学のイメージは，この段階で留まることも多い。

支配的な稀少性定義

次に，経済学の現代的定義とは，**稀少性定義**である。この定義は現代の多数の経済学者を支配している。ロビンズは『経済学の本質と意義』(1932)において，「経済学は，代替的用途を持つ稀少な手段と，目的との間にある関係性

としての人間行動を研究する科学である⁽ⁱⁱⁱ⁾」と宣言した。限界革命の洗礼を受けて，この定義には資源の稀少性と人間行動の選択性という二重の工夫が詰まっている。ロビンズによれば，経済学はまず限りある資源（時間と手段）を対象として，選択の対象が与えられた条件で様々な手段を構想し，組合せ，断念し，目的を達成する人間行動を分析する。つまり，目的（選択の対象）〜手段に関する機能的側面を分析するのが経済学なのである。古典派とは異なり，目的は富に限らない。非金銭的動機も視野に入る。

　この定義が1960年代までに徐々にアメリカを中心に普及し，現在ではほぼすべての教科書がこの定義のみを取り上げている。しかし，そこには 3 つの大きな欠落がある。第一に，この機能的側面は，「制約下での最適行動」（合理的経済人）と容易に同一視されること。第二に，資源が豊穣である状況（失業や遊休設備）や，市場同士が滑らかに繋がっていない状況に適用しにくいこと。第三に，マクロ的問題（個人の行動には還元できない構造的な社会問題：失業・最低賃金・格差・貧困など）の軽視に繋がること。⁽¹⁾

　こうした問題点は，外側から見た経済学のイメージ——自分の利益のみを冷徹に追求する——と密接に関連している。しかし，現在の経済学はひところの古典的なイメージ（完全情報，完全な合理性，完璧な市場）とは異なり，慣習・制度・契約・非合理的行動など，様々な外的制約・内的誘因を幅広く考察している。また，市場の失敗（公共財・外部性・収穫逓増・不完全情報など），社会的厚生関数，潜在能力，社会的共通資本，マーケットデザイン，共通善など，現在の経済学は実証（事実解明）的にも規範的にも，公共性を組み入れた広範な論題を扱っている。それゆえ，稀少性定義のみでは，現代（および未来）の経済学を捉え損なう。⁽²⁾

（1）　物理学の世界でも，微視的な状況と，複雑系である生命・環境とでは，当てはまる論理が全く異なると認識されている。

（2）　瀧澤（2018：26）は「人間の相互作用における規則性を説明する」という新しい定義——「ゲーム状況定義」とでも名付ける——を紹介している。しかし，この定義では政治学や社会学との差異が不明である。

新規な社会科学性定義

そこで，社会科学性定義を明示的に取り上げよう。これはマーシャルの定義「経済学は一面では富の研究の一部であるが，他方，より重要な面では，人間の研究の一部である」を援用したものである。「人間の研究」には曖昧さを含むが，スミスが標榜したように，物質的・物理的な関係でなく，社会的な関係を考慮した人間の精神的な働きを扱うことである。これはまさに富という経済分野を画しつつ，人間の研究という形で，物質・精神・社会という三分野の関係性を考察する定義となる。この段階になると，一般の人が抱くイメージより，はるかに広範な考察がなされているとわかるだろう。

3　主流・傍流の分岐点とペア概念

このように経済学を定義した後，経済学的思考の歴史を紐解くとき，そこには糾える縄のごとく，正統（主流）と異端（傍流）の盛衰・拮抗が窺える。本節では，3つの分岐点と，6つのペア概念を紹介する。ここで3つの分岐点とは，経済学的思考における主流と傍流の分かれ道を意味し，6つのペア概念が発生する根本的原因である。

分岐点①——目標

主流と傍流の分岐点について，その第一は，①目的の設定に関連して，設定すべき目標について，経済学者間の意見が異なることである。主流（例：ピグーの国民分配分）はGDPを中核として，貨幣換算できる指標，売買できる財・サービスに経済学の範囲を限定する。傍流（ホブソンの人間的必要，ヴェブレンの製作者本能）は，正義・公平などの規範的な価値観の考察自体を，経済学の重要な機能に含める。

主流の利点は，いったんこの指標を受け入れれば，複数の状態の優劣が数値（あるいは選好という選択関係）で，明示的に比較可能となることである。ここには貨幣単位という共通の尺度がある。幸福は貨幣的な豊かさに変換可能となる。

それに対して，傍流の利点は，貨幣換算を超えた「幸福」「厚生」の中身をもっと豊穣にできる点にある。あるいは，貨幣という概念そのものに考察の光を当てる点にある。他方，何がその基準になるのか，貨幣の場合よりも多様で合意が難しくなる欠点がある。

分岐点②──市場機能

その第二は，②マクロ的市場機能に関連して，市場機能が好ましい帰結をもたらす頻度・割合について，経済学者間の意見が異なることである。主流（スミスの見えざる手，ワルラスの一般均衡理論）は，市場機能を幸福への最善の道と主張する（例外は認める）。傍流（シスモンディの市場梗塞，ケインズの有効需要不足）は，市場機能は人々を幸福にさせる場合も多い／あるが，その少数の／普通の場合も無視できないので正面から論じるべきである，と主張する。主流の思考法としては，図らずも市場を礼賛しがちで，視野が長期にわたる（なぜなら，市場機能が完全に発揮される期間が必要なため）。また，市場機能が妨げられると判断された社会機構（例：最低賃金法）を敵視しがちとなる。傍流の思考法（ポランニーの「社会に埋め込まれた経済」）としては，市場も社会機構（慣習や制度）の一部に過ぎないと考えられる。他方，市場機能の利点を軽視しがちになり，短期的視点（当事者間の力関係）を取りやすい。

分岐点③──行動原理

その第三は，③ミクロ的行動類型に関連して，類型化された経済行動および市場との関係について，経済学者間の意見が異なることである。主流は，与えられた条件下で，最も無駄のない手段を選ぶ行動に焦点を当てる。そこでは社会現象は個人の合理的行動に還元できる（存在論的個人主義[3]）。ただし，市場の諸力と反する個人的な行動は無力となる。傍流は，目的を一元化できず，また手段を選択できない場合も重視する。社会現象と個人行動に大きなギャップ

（3）　単に，方法として個人主義を採るだけでなく，社会の実在性を否定する立場。

（例：合成の誤謬）が存在する。これは方法論的全体主義であり，個人行動とは独立に，マクロ現象・社会という実体があると主張される。主流の例は，ベンサムの社会改革論，ロビンズの稀少性定義であり，傍流の例は，ケインズの貯蓄～投資関係，ヴェブレンの顕示的消費，ガルブレイスの依存効果などである。

6つのペア概念

こうした根源的な分かれ道を意識すると，経済学的思考において，6つの対照的な考え（ペア概念）が浮上する。いずれも前者が主流であり，後者が傍流となる。

第一に，長期と短期である。均衡に収束する長期——狭雑物（きょうざつぶつ）が消滅していく期間——を重視するか，均衡の外にある調整期間／調整不能の状態を示す短期を重視するのか，という論点である。第二に，潜在性と顕在性である。当事者同士の関係を超えた潜在的なメリット——規制を緩和／撤廃した際に，他の人まで享受（きょうじゅ）できる利益——を優先するのか，あくまで当事者同士のあからさまな利害関係（法律や独占力）にまず目を向けるのか，という論点である。第三に，経済と社会である。経済（自律性，競争，選択，効率性）の要因をもっとも重視するか，社会（その他の要因，他律性，独占，従属，公正）との関連まで考慮するか，という論点である。

第四に，ミクロとマクロである。個人の経済的行動と，それが集積した社会の経済現象について，調和（全体＝個々の単純集計）と見なすのか，混沌（複雑系：カオスやフラクタル）と見なすのか，という論点である。第五に，経済成長の肯定と否定である。経済成長の肯定的な論点は，知識・技術・人間性を発展する結果として経済成長を見ること，成長による余剰によって，他が同一でも少なくとも1人以上の厚生を容易に上昇させられること，に集約される。否定的な論点は，経済成長が持続可能な地球環境を不可能にするほど悪影響を与えること，物質的な成長が一定率に留まっても，人間生活の質的変化によってメ

（4）　この「パレート改善」概念への批判には，最貧者の取り分をそのままにして，より富者のみの取り分を増加させることは許されないとの主張（ロールズの論点）がある。

ンバーの厚生を上昇できること，に集約される。

　第六に，消費者主権への信頼と不信である。寡占的大企業が国境を越えてどんなに暴走しているように見えても，究極的には株主たる個人が合理的に制御していると見なすのか，それとも圧倒的な資本力・情報力の前には個人は翻弄されるしかないと見なすのか，という論点である。

代替と補完

　これらのペア概念は，代替と補完という用語で統一的に把握できる⁽⁵⁾。主流の典型的な思考法は，ヒト・モノ・カネ・情報それぞれの間における**代替**関係，つまり各要素が円滑に（費用も時間もかけず）交換できる関係を根底に秘めている。自由貿易を「証明」したリカードモデルの要諦は，毛織物を生産していた労働者が次の瞬間にはワイン生産に完璧に従事できると想定している点にある。成長論の基礎であるソローモデルでも，労働と資本の完全代替が仮定されていた。一般均衡の存在・安定の数学的証明にも，ある種の連続性や代替性が必須であった。さらに，各要素の代替は単に財同士に限らず，異なる市場同士の滑らかな連結をも意味する。ある市場で根詰まりがあっても，他の市場で速やかに代替できる柔軟性が仮定されている。このように代替可能ならば，主流が説く経済的効率性も説得的であろう。

　しかし，現実の社会では，情報・カネ・モノ・ヒトは，この順番で代替困難である。そして，労働や貨幣を筆頭に，極めて特殊な市場が多く存在して，互いに代替不可能である。そこで，**補完**関係を重視する傍流の思考法も活きてくる。この世界では，各要素は完全には代替せず⁽⁶⁾，ある程度，共存・協同せざるを得ない状況が必然である。また，各市場の内部にどんなに価格伸縮性があろ

（5）　別の比喩では，スルツキー分解◀ᴱを挙げておこう。これは，価格の需要（または供給）に対する全効果が，代替効果と所得効果に分解できることである。つまり，ある現象が経済的な要因（速い調整）と非経済的な要因（遅い調整）の合成となる。

（6）　現実には，レオンチェフ型生産関数◀ᴱのように，100％の補完財であることも珍しく，むしろ両者の混合が普通であろう。

うとも，市場同士には元々，連結性がないことも多い。その固定性は習慣や制度や物理的特性，あるいはそれらを組み込んだ人間の合理性から生じる。ステュアート，シスモンディ，マルクス，ケインズ，ポランニー等，多くの経済学者は生産要素や市場の特殊性を論じてきた。

　経済学的思考のペアとなる概念に関して，両者は真偽という単純な視点ではなく，むしろ両者が複雑に絡み合い，時に主従が逆転してきたことを内包すると捉えるべきであろう。両者の緊張関係によって，経済学の発展が時に促^{うなが}された。このような観点を保持するならば，ほぼすべての学説を主流と傍流の二分法で整理することも，過度な単純化とはならないのではないか。

4　経済学史の利点と責務

　最後に，経済学史を学ぶ利点をまとめよう。

経済学史の利点
　第一に，こうした多様な経済学的思考を，複眼的に（時系列でも同時代的にも）整理して，現代に活かせる視点を抽出できることである。第二に，現代経済学の到達点（ほぼ合意できる点）と，未熟な点（意見が分かれていたり，軽視／等閑視されていたりする点）を同時に学べることである。経済学は他の社会科学と同様に，また自然科学の多くとは異なり，過去から現在に，理論が単線的に発展したわけではない。自由貿易の理論的条件や均衡の存在・安定の条件など，明らかに過去の認識よりも精緻^{せいち}で完全な知識が積み上がったケースも多いが，他方，その理論が成立する限定条件を吟味すれば，すべての時代に，すべての地域に，その理論が現実に適用されるわけではない。場合によっては，別の理論を適用させた方が望ましいこともある。経済学史を注意深く学ぶことは，社会科学における経済学の有用性と限界を同時に知ることに繋がる。

　第三に，経済学史を学ぶことは，便益を受ける者によって，それぞれ三段階の階層が指摘できる。まず，研究者自身にとって，知的活動という意味で，た

	四文字	スローガン	便益を受ける者	意　義
個人陶冶へ	たのしみ	知のための知	研究者自身	それ自体の楽しみ
理論へ	たくらみ	果実のための知	研究者の共同体	新しい理論を生む契機
共同教養へ	たしなみ	公共善のための知	一般を含む共同体	非専門家と専門家,経済学者をつなぐ

図表 15 - 1　経済学史のたのしみ・たしなみ

のしみとなる（個人の陶冶）。スローガンは「知のための知」と言えるだろう。次に，研究者の共同体にとっては，経済学の歴史を学ぶことが，新しい理論や発想を生む契機となる（理論の発展）。これは経済学を発展させる戦略的思考という意味で，**たくらみ**となり，「果実のための知」となる。最後に，専門外の人々を含めた共同体にとって，経済学史はそれ自体，歴史的素養と理論的分析眼を涵養させるという意味で，社会人の**たしなみ**となる。「公共善のための知」と言えるだろう（共通する空間・概念の設定）。

たのしみ・たしなみ

　経済学史を学ぶ者，問う者は，上述の三段階で，様々なたのしみ・たくらみ・たしなみを体現することになる。経済学史家は，こうした様々な利点を専門家同士，非専門家と専門家の間で広める責務を負う。経済学をひらく，つなぐという役割である。第 1 章で説明したように，経済学史の接近法は，過去・現在・未来の三方向に広がっている。特に，経済学史を学ぶ者は，歴史や思想家を通じて，現在の喫緊の問題と結びつけ，自分の行動を変え，自分を含む社会の行く末に影響を与えることができる。

原　典

シーニア（1929）『シィニオア經濟學』（経済学）高橋誠一郎・濱田恒一訳，岩波書店。

ポランニー（2003）『経済の文明史』玉野井芳郎・平野健一郎編訳，ちくま学芸文庫。

マーシャル（1965）『経済学原理 I』馬場啓之助訳，東洋経済新報社。

ミル（1997）「経済学試論集（未決問題論集）」『J. S. ミル初期著作集　第 4 巻』杉

原四郎ほか編訳，御茶の水書房。

ロビンズ（2016）『経済学の本質と意義』小峯敦・大槻忠史訳，京都大学学術出版会。

練習問題

問題 1

経済学史の授業の中で，最も気になった思想家（またはその概念・アイデア）は誰か。理由を挙げて指摘しなさい。

問題 2

この授業を受講する前と受講した後を比べ，経済および経済学に対するイメージはどのように変わった（あるいは変わらなかった）か，具体的な例を挙げながら自由に論じなさい。

問題 3

新しい理論が生まれる際に，過去のどのような学説をヒントにしたり，反駁（はんばく）したりしたか。具体的な例を挙げて，説明しなさい。

問題 4

現在の最先端・流行と思われる経済学の分野と，10年前（または20年前）の最先端とされた分野をそれぞれ挙げなさい。ヒント：『経済セミナー』や日本経済学会のサイトを見て，発表された論文・報告・学会賞の題名を定点観測する。

問題 5

他の入門書などを参考に，「経済学の見取り図」を自分なりに描いてみよう。あなたはどの学派を中心に，どの学派とのつながりを重視するだろうか。

原典注

第2章

（ⅰ）　プラトン『国家』（第3巻22／訳上巻257-258頁）。

（ⅱ）　プラトン『国家』（第5巻8／訳上巻368頁）。

（ⅲ）　「良い家政家であることは，自分自身の家財をきちんと管理できること」（クセノポン「オイコノミコス」第1章／訳14頁）。

（ⅳ）　クセノポン「政府の財源」（第2章／訳110-112；第5章／訳125頁）。なお，この文書の作者をめぐって，異説もある（ゴードン　2018：11-12）。

（ⅴ）　「貨幣は他のものに比べれば，まだ安定性がある。……貨幣は，尺度のようなものとして物品を通約可能とし，均等化する」（アリストテレス『ニコマコス倫理学』第5巻第5章／訳上巻369頁）。

（ⅵ）　アリストテレス『政治学』（第1巻第9章／訳33頁）。

（ⅶ）　アリストテレス『政治学』（第1巻第10章／訳36頁）。

（ⅷ）　プラトン『国家』（第3巻22／訳上巻257頁）。「彼らは殖財の道をひたすら前進して，金をつくることを尊重すればするほど，それだけますます徳を尊重しないようになる」（プラトン『国家』第8巻6／訳下巻207頁）。

（ⅸ）　アクィナス『神学大全』（第78問題／訳387頁）。

（ⅹ）　アクィナス『神学大全』（第78問題／訳397頁）。

第3章

（ⅰ）　「キリスト者は信仰だけで充分であり……，これがキリスト教的な自由であり，〈信仰のみ〉なのである」。ルター『キリスト者の自由』（第9／訳21頁）。

（ⅱ）　ホッブズ『リヴァイアサン（1）』（第13章／訳217頁）。

（ⅲ）　ホッブズ『リヴァイアサン（1）』（第13章／訳221頁）。

（ⅳ）　ホッブズ『リヴァイアサン（1）』（第15章／訳276頁）。

（ⅴ）　ロック『市民政府論』（第2章6／訳18頁）。

（ⅵ）　ロック『市民政府論』（第5章40／訳65頁）。

（ⅶ）　ロック『市民政府論』（第5章50，51／訳76-77頁）。

（ⅷ）　「人間の本性は善であり……。堕落させた原因は，……人間が獲得した知識群にある……。」（ルソー『人間不平等起源論』注9／訳210頁）。

（ⅸ）　「社会と，そこから生まれる奢侈から，様々な学問と技術が生まれ，商業と文学

が生まれる。そして産業を反映させる無用なものが生まれ，国家を繁栄させるととも
に，滅びさせるのである」（ルソー『人間不平等起源論』注 9／訳221頁）。

（ⅹ）「私有の権利は自然法に基づくものではない」（ルソー『人間不平等起源論』第二
部／訳145頁）。

（ⅺ）「商業という取引……に教える掟〈おきて〉は，公共の理性が社会という集団に教える掟と
は正反対のものである」（ルソー『人間不平等起源論』注 9／訳211頁）。

第 4 章

（ⅰ）　ベーコン『ノヴム・オルガヌム』（警句 第 1 巻 3／訳70頁）。

（ⅱ）　ペティ『租税貢納論』（第10章10／訳119頁）。

（ⅲ）　『蜂の寓話』の副題。「かくして悪人の最たる者でさえ，公益のために何か役立つ
ことをなすに至りぬ」（マンデヴィル『蜂の寓話』五／訳72頁）。

（ⅳ）「貨幣は，……商業の実体の 1 つではなく，財貨相互の交換を容易にするため
……道具に過ぎない」（ヒューム「貨幣について」『経済論集』／訳48頁）。「やがて
……価格は騰貴していき，ついにはすべての財貨の価格がこの国にある貴金属の新
しい分量にちょうど比例する点にまで達する」（ヒューム「貨幣について」『経済論
集』／訳54頁）。

（ⅴ）　ヒュームは仮説的に，貨幣量が1/5倍または 5 倍になる場合を論証している（ヒ
ューム「貿易差額について」『経済論集』／訳90頁）。

（ⅵ）　ロック『利子・貨幣論』（訳12頁）。

（ⅶ）　ステュアート『経済の原理』（第 1 編第 6 章Ⅰ40／訳29頁）。

（ⅷ）　スミスの「見えざる手」と対照的に，「巧妙な手」や「公平な手」と呼ばれた。
ステュアート『経済の原理』（第 2 編第12章Ⅰ308／訳214頁；第 2 編第30章Ⅱ183／
訳429頁）。

（ⅸ）　ケネーは農民を生産階級，商工業者を不生産階級と名付けている。『経済表』（「経
済表の分析」／訳109頁）。

（ⅹ）「販売と購買の繰り返しは……富の生産を伴わぬ単なる商品の移転」である。ケ
ネー『経済表』（「経済表の分析」第 6 考察／訳134頁）。

（ⅺ）　ケネー『経済表』（「経済表の分析」／訳112頁）。

（ⅻ）　ケネー『経済表』（「経済表の分析」／訳115頁）。

（ⅹⅲ）　ケネー『経済表』（「経済表の分析」第 5 考察／訳133頁）。

第 5 章

（ⅰ）　スミス『国富論』（序文／山岡訳上巻 1 頁；高訳上巻27頁）。

（ⅱ）　スミス『国富論』（第 1 編第 1 章／山岡訳上巻 7 頁；高訳上巻33頁）。

（iii）　スミス『国富論』（第2編第3章／山岡訳上巻338頁；高訳上巻485頁）。

（iv）　スミス『国富論』（第1編第7章／山岡訳上巻59頁；高訳上巻101頁）。

（v）　スミス『国富論』（第1編第4章／山岡訳上巻30頁；高訳上巻63頁）。

（vi）　スミス『国富論』（第1編第6章／山岡訳上巻50頁；高訳上巻90頁）。

（vii）　スミス『国富論』（第4編第2章／山岡訳下巻31頁；高訳上巻654頁）。

（viii）　スミス『国富論』（第1編第2章／山岡訳上巻17頁；高訳上巻46頁）。

（ix）　スミス『国富論』（第4編第9章／山岡訳下巻277頁；高訳下巻292頁）。

（x）　スミス『道徳感情論』（I.i.1.1／高訳30頁；村井・北川訳57頁）。

（xi）　スミス『道徳感情論』（I.i.1.10／高訳35頁；村井・北川訳63頁）。

（xii）　スミス『道徳感情論』（II.ii.2.1／高訳165頁；村井・北川訳216頁）。

（xiii）　スミス『道徳感情論』（I.i.5.4／高訳58頁；村井・北川訳90頁）。

（xiv）　スミス『道徳感情論』（II.ii.1.3／高訳156頁；村井・北川訳206頁）。

第6章

（i）　賃金は「労働者たちが平均的にみて，生存し，彼らの種族を増減なく永続することを可能にするのに必要な価格」（リカードウ『経済学および課税の原理』第5章／訳上巻135頁）である。

（ii）　マルサス『人口論』（第1章／訳29，33；第2章／訳45頁）。

（iii）　リカードウ『経済学および課税の原理』（第2章／訳上巻105頁）。

（iv）　リカードウ『経済学および課税の原理』（第5章／訳上巻135頁）。

（v）　リカードウ『経済学および課税の原理』（第6章／訳上巻171頁）。

（vi）　リカードウ『経済学および課税の原理』（第7章／訳上巻191頁）。

（vii）　マルサス『経済学における諸定義』（49／訳182頁）。

（viii）　マルサス『経済学原理』（第7章第6節／訳下巻255頁）。

第7章

（i）　セイ『経済学概論』（第15章／訳上巻307頁，299頁）。時間と貨幣が捨象されている物々交換経済である。

（ii）　ミル『経済学原理』（序文／訳一巻24頁）。

（iii）　ミル『経済学原理』（第1編第5章九／訳一巻161頁）。

（iv）　ミル『経済学原理』（第2編第2章一／訳二巻14頁）。

（v）　ミル『経済学原理』（第2編第2章一／訳二巻29，33，41頁）。

（vi）　ミル『経済学原理』（第3編第26章三／訳三巻472頁）。

（vii）　ミル『経済学原理』（第3編第2章四／訳三巻41頁）。

（viii）　ミル『経済学原理』（第3編第11章二／訳三巻154頁）。

（ix）　ミル『経済学原理』（第3編第14章四／訳三巻243頁）。

（x）　ミル『経済学原理』（第4編第3章五／訳四巻61頁）。

（xi）　ミル『経済学原理』（第4編第6章二／訳四巻105，107頁）。

（xii）　ミル『経済学原理』（第4編第6章二／訳四巻108頁）。

（xiii）　ミル『経済学原理』（第4編第6章二／訳四巻109頁）。

（xiv）　ミル『経済学原理』（第4編第7章三／訳四巻126頁）。

（xv）　「自らの勤労による果実（多寡は問わず）に対する正当な要求と調和する限りで，資源の平等を促進する立法体系」。ミル『経済学原理』（第4編第6章二／訳四巻107頁）。

（xvi）　ミル『経済学原理』（第4編第7章六／訳四巻161頁）。

（xvii）　ミル『経済学原理』（第5編第11章七／訳五巻302頁）。

第8章

（i）　「国富はその発展において円環運動を行う。一切の結果は次には原因となり，各段階はそれに先行する段階に規定され，またそれに続く段階を決定するのであって，最終段階は同じ秩序における最初の段階を再現する」（シスモンディ『経済学新原理』第2編第6章／訳上巻120頁）。

（ii）　シスモンディ『経済学新原理』（第2編第5章／訳上巻116頁）。「生産・所得・消費間の相互関係における攪乱は……国民にとって等しく有害である。国内に苦境が生じるためには，均衡が破られるだけで十分である」（第2編第6章／訳上巻127頁）。

（iii）　「アダム・スミスが排撃した政府の干渉を要請する」。政府は「強者に対する弱者の保護者」「全体の永久的な，だが冷静な利益の代弁者」と見なされる。シスモンディ『経済学新原理』（第1編第7章／訳上巻79頁）を参照。

（iv）　リスト『経済学の国民的体系』（序論／訳54-55頁）。

（v）　リスト『経済学の国民的体系』（第12章／訳197頁）。これは私人よりも国民の場合にずっとよく当てはまる。

（vi）　ヒルデブラント『実物経済，貨幣経済および信用経済』（訳16頁）。

（vii）　ミル『自由論』（第2章／斉藤訳45-46頁；関口訳42-43頁）。

第9章

（i）　マルクス『資本論』（第1巻第3章第2節120／訳191頁）。

（ii）　「最初に前貸しされた価値は，……自分を価値増殖するのである。そして，この運動がこの価値を資本に転化させる」（マルクス『資本論』第1巻第2篇第4章165／訳264頁）。

（iii）「……もっとも原始的な諸国も，植民地政策や世界貿易を通じて，……資本主義
の支配下に組み入れられている」（ルクセンブルク『経済学入門』Ⅵ／訳358頁）。

（iv）「金融資本は，株式会社の発展とともに発展し，産業の独占化をもってその頂点
に達する。産業収益は，より確実でより恒常的な性格を得る」（ヒルファディング
『金融資本論』第14章／訳（中）97頁）。

（v）　レーニン『帝国主義論』（第10章／訳250頁）。

（vi）　レーニン『帝国主義論』（第7章および第10章／訳175, 243-245頁）。

第10章

（i）　ジェヴォンズ『経済学の理論』（第1版への序文／訳 xii 頁）。

（ii）　スミス『国富論』（第1編第4章／山岡訳上巻31頁；水田訳1巻61頁）。使用価値
は高いが，交換価値は低い。ジョン・ロー（→第3章）は先駆的に，同様の逆説を
唱えていた。

（iii）　ジェヴォンズ『経済学の理論』（第3章／訳40頁）。現在の「限界効用」と同一の
概念である。

（iv）　ゴッセンの第二法則。ゴッセン『人間交易論』（第7章／訳102頁）。

（v）　稀少なモノを集計したものが「社会的富」である。ワルラス『純粋経済学要論』
（第3章／訳21頁）。

（vi）　ワルラス『純粋経済学要論』（第8章／訳79頁）。

（vii）「完全均衡」とも呼ばれている。ワルラス『純粋経済学要論』（第11章／訳124頁）。

（viii）「未知数と同数の方程式を得ることを常に厳守した」（ワルラス『純粋経済学要
論』第四版への序文／訳 xix 頁）。この条件だけでは，解の存在を証明できない。

（ix）「価値尺度財 numéraire の価格は1に等しく……」（ワルラス『純粋経済学要論』
第30章／訳334頁）。

（x）「自由は一定の制約のもとで最大効用を獲得する。それゆえ，これを妨げる原因
は最大効用に対する障害である」（ワルラス『純粋経済学要論』第22章／訳252頁）。

（xi）「よく組織された市場において競争がどのように働くかを見てみよう。そのため
にパリまたはロンドンのような大きな資本市場における証券取引所に入ってみよ
う」（ワルラス『純粋経済学要論』第5章／訳45頁）。

（xii）　ワルラス『純粋経済学要論』（第12章／訳141頁）。《模索》tâtonnement。

（xiii）　ワルラス『純粋経済学要論』（第12章／訳145頁）。

（xiv）　ワルラス『純粋経済学要論』（第四版への序文／訳 x 頁）。

（xv）　メンガー『一般理論経済学　1』（第3章／訳67頁）。江頭（2015：73）も参照。

（xvi）　メンガー『国民経済学原理』（訳者解題／260頁）。

（xvii）　メンガー『国民経済学原理』（第3章第2節／訳81頁）。

第11章

（ i ） マーシャル『経済学原理 I 』（第 8 版への序文／訳 xiv 頁）。

（ ii ） 「高貴で困難であるがゆえに行う，という喜び」（マーシャル「経済騎士道の社会的可能性」『マーシャル　クールヘッド＆ウォームハート』訳130頁）。

（ iii ） その上昇は「知性・活力・自尊心の向上を意味する」（マーシャル『経済学原理 IV 』第 6 編第13章 1 節／訳249頁）。対となる概念が「安楽基準」（低級で人為的な欲望）。

（ iv ） ピグー『富と厚生』（第 1 編第 1 章／訳55頁）。

（ v ） ピグー『富と厚生』（第 1 編第 5 章／訳101頁）。

（ vi ） ヴェブレン『有閑階級の理論』（第 1 章／訳26頁）。

（ vii ） ヴェブレン『有閑階級の理論』（第 4 章／訳81頁）。

（ viii ） 「ひとつの法則——すなわち最終［限界］生産力の法則——が賃金と利子を支配する」（クラーク『富の分配』第13章／訳200頁）。

（ ix ） フィッシャー『利子論』（第 3 編第11章／訳249頁）。

第12章

（ i ） ケインズ『一般理論』（第10章／訳114頁）。

（ ii ） ケインズ『一般理論』（第 8 章／訳90頁）。

（ iii ） ケインズ『一般理論』（序／訳 xxvii 頁）。

（ iv ） ケインズ『一般理論』（第12章／訳159頁）。

（ v ） ケインズ『一般理論』（第12章／訳145頁）。

（ vi ） ケインズ『貨幣改革論』（第 3 章／訳66頁）。

（ vii ） 「我々はもう 1 度，手段より目的を高く評価し，効用よりも善を選ぶことになる」。「わが孫たちの経済的可能性」（ケインズ『説得論集』 II ／訳399頁）。

第13章

（ i ） シュンペーター『経済発展の理論』（第 2 章二／訳上巻183頁）。

（ ii ） シュンペーター『資本主義，社会主義，民主主義』 I （第 2 部序／訳172頁）。

（ iii ） 「「自由への道」だと約束したことが，実は「隷属への大いなる道」でしかなかった」（ハイエク『隷属への道』第 2 章／訳28頁）。

（ iv ） ハイエク『市場・知識・自由』（第 8 章／訳228-229頁）。

（ v ） ガルブレイス『アメリカの資本主義』（第 9 章／訳143頁）。

（ vi ） ガルブレイス『ゆたかな社会』（第11章／訳207頁）。

（ vii ） ガルブレイス『新しい産業国家』（第 6 章七／訳113頁）。

第15章

（ⅰ）「富の性質・生産・分配を論じる一科学」という表現が，シーニア『経済学』（序
論／訳1頁）にある。

（ⅱ）　ミル『経済学未解問題論集』（第5論文第2節／訳344頁）。

（ⅲ）　ロビンズ『経済学の本質と意義』（第1章／訳17頁）。

（ⅳ）　マーシャル『経済学原理Ⅰ』（第1章第1編／訳3頁）。

（ⅴ）「社会関係の中に埋め込まれていた経済システムに代わって，今度は社会関係が
経済システムの中に埋め込まれてしまったのである」（ポランニー『経済の文明史』
第2章／訳65頁）。

参考文献

（太字は特に推す教科書）

明石茂生（1988）『マクロ経済学の系譜──対立の構造』東洋経済新報社。

荒谷大輔（2013）『「経済」の哲学──ナルシスの危機を越えて』せりか書房。

有江大介（2019）『反・経済学入門：経済学は生き残れるか──経済思想史からの警告』創風社。

アリエリー（2013）『予想どおりに不合理──行動経済学が明かす「あなたがそれを選ぶわけ」』熊谷淳子訳, ハヤカワ・ノンフィクション文庫。

石井信之（1992）「経済学史の方法」経済学史学会編『経済学史──課題と展望』九州大学出版会, 3-13。

伊藤公一朗（2017）『データ分析の力──因果関係に迫る思考法』光文社新書。

伊藤誠編（1996）『経済学史』有斐閣。

伊東光晴（2016）『ガルブレイス──アメリカ資本主義との格闘』岩波新書。

稲葉振一郎（2004）『経済学という教養』東洋経済新報社。

井上琢智（1987）『ジェヴォンズの思想と経済学──科学者から経済学者へ』日本評論社。

井上義朗（2004）『コア・テキスト　経済学史』新世社。

井上義朗（2012）「二つの「競争」──競争観をめぐる現代経済思想」講談社現代新書。

猪木武徳（1987）『経済思想』岩波書店。

上野格・和田重司・音無通宏編（1997）『経済学の知のあり方を問う──経済思想史から現代を見る』新評論。

ウォルシュ（2020）『ポール・ローマーと経済成長の謎』小坂恵理訳, 日経BP。

宇仁宏幸ほか（2010）『入門社会経済学（第2版）』ナカニシヤ出版。

江頭進（2015）『はじめての人のための経済学史』新世社。

大田一廣ほか編（2006）『（新版）経済思想史──社会認識の諸類型』名古屋大学出版会。

大瀧雅之（2018）『経済学』勁草書房。

大森郁夫（2005）「J. D. ステュアート」鈴木信雄編『経済思想④　経済学の古典的世界1』日本経済評論社, 1〜48頁。

岡崎哲二（2016）『コア・テキスト　経済史（増補版）』新世社。

岡本哲史・小池洋一編（2019）『経済学のパラレルワールド──入門・異端派総合のアプローチ』新評論。

隠岐さや香（2018）『文系と理系はなぜ分かれたのか』星海社新書。

小田中直樹（2003）『ライブ・経済学の歴史――〈経済学の見取り図〉を作ろう』勁草書房。

小沼宗一（2001）『イギリス経済思想史』創成社。

小沼宗一（2011）『経済思想史――マルサスからケインズまで』創成社。

小沼宗一（2014）『イギリス経済思想と現代――スミスからケインズまで』創成社。

小沼宗一（2017）『経済思想の歴史――ケネーからシュンペーターまで』創成社。

小野塚知二（2018）『経済史――いまを知り，未来を生きるために』有斐閣。

小畑二郎（2014）『経済学の歴史』慶應義塾大学出版会。

オブライエン・プレスリー（1986）『近代経済学の開拓者』井上琢智・上宮正一郎・八木紀一郎ほか訳，昭和堂。

梶井厚志・松井彰彦（2000）『ミクロ経済学――戦略的アプローチ』日本評論社。

カリアー（2012）『ノーベル経済学賞の40年――20世紀経済思想史入門』上・下，小坂恵理訳，筑摩書房。

ガルブレイス（2008）『［新版］バブルの物語――人々はなぜ「熱狂」を繰り返すのか』鈴木哲太郎訳，ダイヤモンド社。

川俣雅弘（2016）『経済学史』培風館。

河宮信郎（1986）「熱力学に見た動的システム」『エントロピー読本Ⅲ』（別冊経済セミナー），日本評論社，71-79。

神取道宏（2014）『ミクロ経済学の力』日本評論社。

キシテニイーほか（2014）『経済学大図鑑』若田部昌澄監修，三省堂。

キシテニイー（2018）『若い読者のための経済学史』月沢李歌子訳，すばる舎。

北田了介編（2018）『教養としての経済思想』萌書房。

喜多見洋・水田健編（2012）『経済学史』ミネルヴァ書房。

キンドルバーガー（2004）『熱狂，恐慌，崩壊――金融恐慌の歴史』吉野俊彦・八木甫訳，日本経済新聞社。

クセノフォン（2010）『オイコノミコス――家政について』越前谷悦子訳，リーベル出版。

熊野純彦（2018）『マルクス　資本論の哲学』岩波新書。

クルツ（2008）『シュンペーターの未来――マルクスとワルラスのはざまで』中山智香子訳，日本経済評論社。

経済学史学会編（2012）『古典から読み解く経済思想史』ミネルヴァ書房。

ケーネカンプ，丸山徹（1986）『ジェヴォンズ評伝』内川智子・中山千佐子訳，慶應通信。

ゴードン（2018）『古代・中世経済学史』村井明彦訳，晃洋書房。

小林純（1999）「クニース経済学における「アナロギー」と「ジッテ」の位置価」『立教経済学研究』53(1)，55-69。

小林昇・杉原四郎編（1986）『新版・経済学史』有斐閣双書。

小峯敦（2007）『ベヴァリッジの経済思想——ケインズ等との交流』昭和堂。

小峯敦編（2010）『福祉の経済思想家たち（増補改訂版）』ナカニシヤ出版。

小室直樹（2004）『経済学をめぐる巨匠たち』ダイヤモンド社。

坂本達哉（2014）『社会思想の歴史』名古屋大学出版会。

佐々木実（2019）『資本主義と闘った男——宇沢弘文と経済学の世界』講談社。

佐々木隆治（2016）『カール・マルクス——「資本主義」と闘った社会思想家』ちくま
　　新書。

佐々木隆治（2018）『マルクス　資本論』角川選書。

塩野谷祐一（2009）『経済哲学原理——解釈学的接近』東京大学出版会。

シュンペーター（2006）『経済分析の歴史』上・下，東畑精一・福岡正夫，岩波書店。

杉本栄一（1980）『近代経済学の解明』岩波書店。

杉本栄一（2005［1953］）『近代経済学史』岩波書店。

スターク（1973）『社会発展との関連における経済学史』杉山忠平訳，未来社。

セドラチェク（2015）『善と悪の経済学』村井章子訳，東洋経済新報社。

高哲男（2004）『現代アメリカ経済思想の起源——プラグマティズムと制度経済学』名
　　古屋大学出版会。

高哲男編（2002）『自由と秩序の経済思想史』名古屋大学出版会。

高島善哉（1964［1954］）『社会科学入門——新しい国民の見方考え方』岩波新書。

瀧澤弘和（2018）『現代経済学——ゲーム理論・行動経済学・制度論』中公新書。

竹内靖雄（1991）『市場の経済思想』創文社。

竹内靖雄（2013）『経済思想の巨人たち』新潮文庫。

多田顕・久保芳和編（1979）『図説　経済学体系6　経済学史』学文社。

橘木俊詔（2012）『課題解明の経済学史』朝日新聞出版。

田中敏弘編（1997）『経済学史』八千代出版。

田中秀夫（2002）『原点探訪——アダム・スミスの足跡』法律文化社。

田淵太一・久松太郎（2018）「リカードはリカード・モデルを提示したのか」『国際経
　　済』（日本国際経済学会），69(0)，1-31。

玉野井芳郎・早坂忠（1978）『経済学史』青林書院新社。

田村信一（2018）『ドイツ歴史学派の研究』日本経済評論社。

田村信一・原田哲史編（2009）『ドイツ経済思想史』八千代出版。

柘植尚則（2014）『プレップ　経済倫理学』弘文堂。

坪井賢一（2015）『これならわかるよ！　経済思想史』ダイヤモンド社。

堂目卓生（1993）「古典派の経済理論と現代」『経済学史学会・年報』第31号，98-105。

堂目卓生（2008）『アダム・スミス』中公新書。

時永淑編（1978）『経済学説史』有斐閣双書。

永井義雄編（1992）『経済学史概説——危機と矛盾のなかの経済学』ミネルヴァ書房。

中宮光隆（2005）「J.C.L.シモンド・ド・シスモンディ——恐慌・困窮克服の経済学」大田一廣編『社会主義と経済学』（経済思想⑥）日本経済評論社。

長峰章編（2015）『経済思想——その歴史的視点から』学文社。

中村賢一郎（1986）『経済学説研究』学文社。

中村達也（2012）『ガルブレイスを読む』岩波現代文庫。

中村達也・八木紀一郎・新村聡・井上義朗（2001）『経済学の歴史——市場経済を読み解く』有斐閣。

中村廣治編（1995）『市場社会の思想像（増補版）』九州大学出版会。

中村廣治・高哲男編（2000）『市場と反市場の経済思想』ミネルヴァ書房。

中矢俊博（2011）『入門書を読む前の経済学入門』同文舘出版。

中矢俊博（2012）『やさしい経済学史』日本経済評論社。

中矢俊博（2014）『天才経済学者たちの闘いの歴史——経済学史入門』同文舘出版。

中矢俊博（2016）『イチからわかる学びなおし経済学』日本実業出版社。

ナサー（2013）『大いなる探求』（上巻）『経済学を創造した天才たち』（下巻）人類は経済を制御できるか，徳川家広訳，新潮社。

鍋島直樹（2020）『現代の政治経済学——マルクスとケインズの総合』ナカニシヤ出版。

西川潤編（1996）『エコノミストを知る事典』日本実業出版社。

日本経済新聞社編（1995）『経済学の先駆者たち』日本経済新聞社。

日本経済新聞社編（2001）『現代経済学の巨人たち』日本経済新聞社。

日本経済新聞社編（2007）『経済学　名著と現代』日本経済新聞社。

日本経済新聞社編（2014）『経済学41の巨人——古典から現代まで』日本経済新聞社。

根井雅弘（2004）『経済学のことば』講談社現代新書。

根井雅弘（2005）『経済学の歴史』講談社学術文庫。

根井雅弘（2006）『シュンペーター』講談社学術文庫。

根井雅弘（2009）『経済学はこう考える』ちくまプリマー新書。

根井雅弘（2011）『20世紀をつくった経済学』ちくまプリマー新書。

根井雅弘編（1994）『20世紀のエコノミスト』日本評論社。

根井雅弘編（1997）『経済学88物語』新書館。

根井雅弘編（2016）『ノーベル経済学賞——天才たちから専門家たちへ』講談社選書メチエ。

根岸隆（1997）『経済学の歴史（第2版）』東洋経済新報社。

野原慎司・沖公祐・高見典和（2019）『経済学史——経済理論誕生の経緯をたどる』日本評論社。

ハイルブローナー（1989）『世俗の思想家たち』八木甫監訳，HBJ 出版局。

ハイルブローナー（2001）『入門経済思想史』八木甫ほか訳，ちくま学芸文庫。

ハインリッヒ（2018）『『資本論』の新しい読み方——21世紀のマルクス入門』明石英人
　ほか訳，堀之内出版。

橋本昭一・上宮正一郎編（1998）『近代経済学の群像』有斐閣。

橋本努編（2014）『現代の経済思想』勁草書房。

服部正治（2017）『穀物の経済思想史』知泉書館。

バトラー＝ボートン（2018）『世界の経済学　50の名著』大間知知子訳，ディスカヴァ
　ー。

浜林正夫（1996）『ロック』イギリス思想叢書 4，研究社。

早坂忠編（1989）『経済学史——経済学の生誕から現代まで』ミネルヴァ書房。

平田清明（2019）『フランス古典経済学研究』日本経済評論社。

深貝保則（1993）「J. S. ミルの統治と経済」平井俊顕・深貝保則編『市場社会の検証
　——スミスからケインズまで』ミネルヴァ書房。

二神孝一・堀敬一（2017）『マクロ経済学（第 2 版）』有斐閣。

ブレムス（1996）『経済学の歴史　1630-1980——人物・理論・時代背景』駄田井正ほか
　訳，多賀出版。

堀経夫編（1961）『原典　経済学史（第 2 版）』上・下，創元社。

松尾匡・橋本貴彦（2018）『これからのマルクス経済学入門』筑摩書房（eBOOKS 版）。

松下貢（2019）『統計分布を知れば世界が分かる——身長・体重から格差問題まで』中
　公新書。

松嶋敦茂（1996）『現代経済学史　1870-1970——競合的パラダイムの展開』名古屋大学
　出版会。

松原隆一郎（2001）『経済思想』新世社。

松原隆一郎（2016）『経済思想入門』ちくま学芸文庫。

丸尾直美（2005）『経済学の巨匠——26人の華麗なる学説入門』生活情報センター。

マルシャル，ルカイヨン（1978）『貨幣的分析の基礎——ヴィクセルからケインズまで』
　菱山泉訳，ミネルヴァ書房。

馬渡尚憲（1990）『経済学のメソドロジー——スミスからフリードマンまで』日本評論
　社。

馬渡尚憲（1997）『経済学史』有斐閣。

御崎加代子（2006）『フランス経済学史——ケネーからワルラスへ』昭和堂。

水田洋・玉野井芳郎編（1978）『経済思想史読本』東洋経済新報社。

三土修平（1993）『経済学史』新世社。

美濃口武雄（1979）『経済学史——近代経済学の形成と発展』有斐閣。

美濃口武雄（1981）『経済学説史』青林書院。

美濃口武雄（1989）「マルサス・リカードの穀物法論争──農業自由化の歴史的考察」『一橋大学社会科学古典資料センター Study Series』17, 1-19。

美濃口武雄（1990）『経済学説史』創成社。

宮崎犀一・山中隆次編（1992）『市場社会　思想史にみる』リブロポート。

ムスト（2018）『アナザーマルクス』江原慶・結城剛志訳，堀之内出版。

森嶋通夫（1994）『思想としての近代経済学』岩波新書。

森戸政信・森戸勇（1999）『近代経済思想の系譜』多賀出版。

八木紀一郎（2011）『経済思想（第2版）』日経文庫1243。

矢沢サイエンスオフィス経済班編（2001）『経済学はいかにして作られたか？』学習研究社。

柳川範之（2000）『契約と組織の経済学』東洋経済新報社。

柳沢哲哉（2017）『経済学史への招待』社会評論社。

柳田芳伸・諸泉俊介・近藤真司編（2013）『マルサス　ミル　マーシャル──人間と富との経済思想』昭和堂。

山口重克編（2004）『新版　市場経済』名古屋大学出版会。

山崎好裕（2004）『おもしろ経済学史──歴史を通した現代経済学入門現代（新版）』ナカニシヤ出版。

山崎好裕（2010）『経済学の知恵──現代を生きる経済思想（増補版）』ナカニシヤ出版。

ラルー（2018）『ティール組織──マネジメントの常識を覆す次世代型組織の出現』鈴木立哉訳，英治出版。

ルーベンスタイン（2018）『中世の覚醒──アリストテレス再発見から知の革命へ』小沢千重子訳，ちくま学芸文庫。

ロビンズ（2016）『経済学の本質と意義』小峯敦・大槻忠史訳，京都大学学術出版会。

渡会勝義（1993）「マルサスの経済理論」平井俊顕・深貝保則編『市場社会の検証──スミスからケインズまで』ミネルヴァ書房。

McEvedy, C. and R. Jones（1978）*Atlas of World Population History*, New York: Penguin.

用語集（Glossary）

世界史編

第1章

近代化（きんだいか）
近代（歴史区分の1つ）に向かう運動。身分制や王制の時代から，民主主義と資本主義を基本とする世界への転換。

引証（いんしょう）
引用によって命題を証明すること。

二元論（にげんろん）
善と悪，静と動など，相容れない要素で世界を説明すること。

進歩史観（しんぽしかん）
昨日より今日，今日より明日が進歩した社会になるという確信・見方。

第2章

ポリス（ぽりす）
古代ギリシアにおける数百の都市国家で，市民（貴族と平民）と奴隷から成る。統一国家はなかったが，同じ民族として結束していた。

衆愚政治（しゅうぐせいじ）
民主的な政治が戦争や天変地異をきっかけに，デマや欲望をあおり立てる扇動家に支配されること。

哲人政治（てつじんせいじ）
プラトンの考えで，重要な決定者である政治家は，考え抜いた哲学者でなければなら

ない。

最高善（さいこうぜん）
アリストテレスが求める究極的な目標であり，幸福を求めてよりよく生きること。

聖書（せいしょ）
ユダヤ教・キリスト教における最も重要な宗教書であり，イエス・キリストの教えを記す部分と，それ以前の預言者を描いた部分に分かれている。

『ヴェニスの商人』（ゔぇにすのしょうにん）
シェイクスピアによる戯曲。異教徒による金貸し，友情と利子，商業と契約などの題材が詰まっている。

ヘレニズム（へれにずむ）
ギリシア文化を中核に持ち，なお世界市民的な視野と，哲学・自然科学への強さを見せる文化。前334〜前30年に開花した。

ヘブライズム（へぶらいずむ）
ヘレニズムと並び，ヨーロッパ世界の根底にある思想。ユダヤ教・キリスト教を中心に，戒律・啓示・一神教を特徴とする。

スコラ哲学（すこらてつがく）
中世西欧に特有な学問。理性と信仰の融合を試み，神学・哲学の中で体系的な知が発達した。

第3章

初期近代（しょききんだい）
中世と近代という粗い区分が見直され，その移行期間（15〜18世紀）を指す。ルネサンス以降，絶対王政が瓦解するまで。日本の「近世」（ほぼ江戸時代）に対応する。

近代（きんだい）
宗教・封建制・王政などから解放され，合理的で自由で豊かな社会を目指す時代。フランス革命（1789）から現代までを指す。

社会契約説（しゃかいけいやくせつ）
個人間，あるいは人民と主権者の契約によって，自然状態から社会・国家（市民社会・政治）が成立したと考える仮説。

ルネサンス（るねさんす）
古代のギリシア・ローマを模範に，人間らしさを追求した文芸復興運動。14〜16世紀に流行。

大航海時代（だいこうかいじだい）
15〜17世紀にヨーロッパからアジア・アメリカ大陸に，通商・布教・征服を目指して大遠征したこと。世界の一体化とも呼ぶ。

価格革命（かかくかくめい）
16世紀半ば以降，ラテンアメリカから大量の銀が流入し，ヨーロッパの物価は2〜3倍に跳ね上がった。この物価騰貴のため，固定収入を持つ地主が不利に，貨幣利潤の拡大で潤う商人が有利になった。

商業革命（しょうぎょうかくめい）
大航海時代の結果として生まれた世界的な商業システムの大激変。リスボンやアントワープが貿易港として栄えた。

教会大分裂（きょうかいだいぶんれつ）
大シスマ（1378〜1417年）とも呼ぶ。ローマ教皇が王権の干渉を受けて分裂し，宗教的権威の失墜が決定的となった。

贖宥状（しょくゆうじょう）
自らの犯した罪の償いを免除される証書。これが教会によって売買されたのでルターが攻撃した。

絶対王政（ぜったいおうせい）
封建国家から近代国家へ移行する段階。君主が絶対的な権力で国民を支配する政治体制。イギリスのテューダー王朝（1485〜1603年）やフランスのブルボン王朝（1589〜1830年）が典型。

イギリス国教会（いぎりすこっきょうかい）
ヘンリー8世の離婚問題によって，イギリスの教会の最高指導者を国王と定め，ローマ教会からの分離独立が定まった。

王権神授説（おうけんしんじゅせつ）
神から与えられた王権は国民や議会に拘束されないという信念。ジェームス1世（イギリス）やルイ14世（フランス）等が典型。

マニュファクチュア（まにゅふぁくちゅあ）
工場制手工業。イギリスの毛織物産業で行われていた方式。手工業（動力が手）は家内制（農家の副業，自前の資本）から問屋制（商人による前貸し），さらに工業制（工場での分業）へと発展した。

自然状態（しぜんじょうたい）
社会契約説の基本概念で，いっさいの社会的関係を解体して，人間がありのままで置かれた状況を仮説として考える。

清教徒革命（せいきょうとかくめい）
ピューリタン革命（1642〜49年）。国王の絶対性に歯止め（「権利の請願」）を掛けようとした議会に内紛が起こり，最後はチャールズ1世の処刑，クロムウェルの護国卿

就任となった。

共和制（きょうわせい）
国王が追放され，人民による統治を行う政治体制。

フランス革命（ふらんすかくめい）
パリ民衆の蜂起からナポレオンの権力掌握まで（1789〜1799年）。旧体制で虐げられていた勢力（第三身分）が，自由・平等・博愛を求めて絶対王政を打倒した。国民意識の芽生え，度量衡の統一など，全世界に衝撃を与えた。

第4章

イドラ（いどら）
種族・洞窟・市場・劇場という4種類の偏見。それぞれ，種としての錯覚，狭い視野，うわさ話の流布，権威や伝統への盲信を意味する。

イギリス経験論（いぎりすけいけんろん）
フランスやドイツなど欧州大陸の合理論・観念論と対置される哲学上の立場。認識（真偽や善悪の判定）の源泉を人間の感覚・経験に求める。絶対的・超越的な神の摂理による説明に代え，人間の合理性による営みを発展させた。

形而上学（けいじじょうがく）
形がないもの（本質・精神・神など）について，高度に抽象的な思考を展開すること。

キャリコ（きゃりこ）
キャラコ calico とも呼ぶ。インド産の綿布。安価で高品質なため，イギリスの毛織物工業に打撃を与えるとして，17世紀前後に，その輸出を禁止するかどうかの論争があった。

ブルボン王朝（ぶるぼんおうちょう）
フランス絶対王政を象徴する王朝（1589〜1792年，1814〜30年）。アンリ4世（ユグノー戦争），ルイ14世（太陽王），ルイ16世（フランス革命で処刑）など。

第5章

修辞学（しゅうじがく）
古代・中世に教養として重視された七科目の1つ。思想や感情を効果的に伝達するための言葉の技法。

『ロビンソン・クルーソー』（ろびんそん・くるーそー）
デフォーの小説（1719）。漂着した無人島で，自給自足生活で何とか生き抜く主人公が描かれた。勤勉な中産階級，イギリスの世界進出が背後にある。

アメリカ独立宣言（あめりかどくりつせんげん）
イギリス本国からの課税強化を直接のきっかけとして，植民地アメリカは1776年に独立宣言を公表した。ロックの影響下，基本的人権や革命権が示されている。

自由放任主義（じゆうほうにんしゅぎ）
フランス語でレッセフェール。元々，国家の経済干渉を排除する重農主義者のスローガン。

第6章

ナポレオン戦争（なぽれおんせんそう）
1796〜1815年。祖国防衛の英雄であった軍人ナポレオンがクーデタで政権を取って皇帝になると，次第に侵略戦争の様相を帯びた。

穀物法（こくもつほう）
ナポレオン戦争が終結すれば英仏間の交易
も再開されるが，その直前に安価な小麦に
高い関税をかけた。この理不尽さはコブデ
ンとブライトが尽力して法律を廃止させた
（1846年）。

不換紙幣（ふかんしへい）
兌換紙幣の対。金銀の裏付けなく，無限に
発行できる紙幣。

金本位制（きんほんいせい）
貨幣の額面金額と金（きん）の量が結びつ
いた制度。最終段階の金為替本位制度では，
国内外で金貨の流通を排しただけでなく，
国際間の決済にも金為替という証書を発行
して，金の流通をできるだけ縮小する制度
となっている。

恐慌（きょうこう）
過剰生産によって，企業倒産や失業が広範
に発生する現象。1825年にイギリスで観察
されて以来，しばしば発生する。中でも大
恐慌（1929年〜）は最大規模。

大陸封鎖（たいりくふうさ）
フランスによるイギリスの経済封鎖。イギ
リスが逆封鎖をしたため効果的ではなかっ
ただけでなく，諸国の反発を招いた。

ラシャ（らしゃ）
毛織物の一種。羅紗。ポルトガル語。

第7章

功利主義（こうりしゅぎ）
個人の快楽・苦痛から社会全体の幸福を導
き出す倫理的学説。「最大多数の最大幸福」
というベンサムの言葉が有名。

アイルランド問題（あいるらんどもんだい）
クロムウェルの侵略以来，アイルランドは

信仰（カトリック）と政治の自由を求めて，
時に過激な反乱に及んだ。イギリスはアイ
ルランド合同（1801年）で押さえ込みを試
みたが，さらなる独立運動を生むことにな
った。

インド問題（いんどもんだい）
東インド会社という国策会社によって，イ
ギリスの間接統治は完成していたが，イン
ド大反乱（1857〜59年；別名セポイの反
乱）を機に，直接統治に切り替えられた。

ラダイト運動（らだいとうんどう）
イギリスの織物工業地帯で発生した機械打
ち壊し運動（1811〜17年）。ミュール紡績
機や力織機の発明によって生産性が飛躍的
に高まった。同時に，高賃金の熟練労働者
が失業し，低賃金の不熟練労働者が酷使さ
れた。この運動は単なる機械破壊ではなく，
労働環境の改善を求める力が背景にある。

チャーティスト運動（ちゃーてぃすとうん
どう）
人民憲章を掲げた選挙権拡大運動。1839,
42, 48年の請願は失敗に終わった。

協同組合（きょうどうくみあい）
消費（生産）する者が同時に出資者・利用
者という団体。19世紀後半までにイギリス
などで急速に発展した。労働組合を組織し
て資本家と対峙する方策ではなく，労働
者・生活者が自ら企業を組織・運営する。

第8章

度量衡（どりょうこう）
長さ・体積・質量を測るモノサシ。枡・秤
など。

神聖ローマ帝国（しんせいろーまていこく）
オットー1世の戴冠からナポレオンのライ

ン同盟結成まで（962〜1806年），中世・近世ドイツのこと。三十年戦争（1618〜48年）の終結によって，事実上，分裂していた。

プロイセン（ぷろいせん）
プロシア，北東ヨーロッパの地名。公国から王国に昇格し，フリードリッヒ大王のもとで強国になり，ドイツ統一を主導した。

ドイツ関税同盟（どいつかんぜいどうめい）
域内の関税を廃止し，イギリス製品の流入を防ぐ間に国内産業の育成を図った。1834年に発足。ドイツ統一の足がかりになる。

ユンカー（ゆんかー）
エルベ川以東の保守的な土地貴族であり，プロイセンの軍事・官僚を独占した勢力。

社会政策学会（しゃかいせいさくがっかい）
1872〜1936年。ドイツの歴史学派（旧世代）によって，労使の利害対立を国家による社会政策によって緩和する理念を持つ。日本でも同様の学会が発足した。

文明開化（ぶんめいかいか）
明治初期の西洋化（思想・制度・文化の取り入れ）。西洋の合理性・科学・文化の吸収が促された。

講壇社会主義（こうだんしゃかいしゅぎ）
政治的な革命運動を唱えるマルクス主義と異なり，教室から改良主義を唱える思想。

帰納法（きのうほう）
個々の観察された事例から，一般的な命題を導く方法。歴史学でよく用いられる。

演繹法（えんえきほう）
少数の命題から一般的な記述を導く方法。

プロテスタンティズム（ぷろてすたんてぃずむ）
プロテスト＝抗議する＝旧勢力（ローマの

カトリック教会）への反感。聖書のみ，信仰のみというキリスト教の原理に返る。「予定説」によって，世俗の金銭的成功を正当化できると考える者もいる。

第9章

冷戦（れいせん）
第二次世界大戦後の世界観を表した用語。米ソ（資本主義と社会主義の超大国）の直接的軍事衝突はないが，その代理戦争，諜報活動，経済・文化の攻撃が多発した。

ベルリンの壁（べるりんのかべ）
米ソ対立の象徴。東ドイツの内部にあるベルリン市は西側と東側に分断されているが，東から西への亡命を物理的に阻止するために1961年に壁が建設された。自由化の波で，1989年にその壁が崩された。

グローバリズム（ぐろーばりずむ）
20世紀後半から再び「世界の一体化」が進み，モノ・ヒト・カネの全世界的な移動・相互依存関係を指す。

工場法（こうじょうほう）
19世紀初頭のイギリスで実施された一連の法律。児童や女性の労働を保護したり，工場監督官を置いた。1911年に日本でも公布された。

労働三法（ろうどうさんぽう）
労働基準法・労働組合法・労働関係調整法の3つを指す。

カルテル（かるてる）
企業連合。価格や生産量の設定など，類似企業が秘密裏に協定を結び，消費者の利益を損なわせること。

トラスト（とらすと）
カルテルをさらに進め，企業合同となる。

持ち株会社や合併などで，各企業の独立性は失われる。

中産階級（ちゅうさんかいきゅう）
貴族・僧侶でも貧民でもなく，独立した都市商工業者などで，中程度の財産を持つ階級。20世紀にはホワイトカラー（事務・技術の人）とも重なる。

南北問題（なんぼくもんだい）
米ソ対立（東西問題）と並び，20世紀後半からの問題。地理的に北半球の先進国と南半球の発展途上国の対立・格差を意味する。

プロレタリア独裁（ぷろれたりあどくさい）
資本主義から共産主義へ移行する過渡期として，プロレタリアート（無産階級）の独裁を支持する学説。ソ連の一党独裁を正当化した。

財閥（ざいばつ）
一族による家族的組織を中核に，銀行・商社・製造業など多角的な経営体。三井・三菱・住友・安田が四大財閥。特に国家権力と結び付いた。

治安維持法（ちあんいじほう）
1925年，普通選挙法の成立直前に，社会運動の弾圧のために制定された。死刑導入や予備拘束も後に追加された。

第10章

ピール条例（ぴーるじょうれい）
首相ピールによる銀行条例。1844年に制定され，厳密な発券を指示する通貨主義が採用された。

第11章

大英帝国（だいえいていこく）
The Great Britain および The British Empire を合わせた日本語ならではの表現。覇権国となって七つの海を支配し，インドを始め植民地化の頂点としてヴィクトリア女王を戴いた体制を意味する。軍事力・経済力・情報力で抜きん出ていた。

第12章

自由党の改革（じゆうとうのかいかく）
Liberal Reforms (1905-15)。老齢年金・最低賃金・失業保険など，後の福祉国家を準備した社会改良のイギリス自由党による政策。

ファシズム体制（ふぁしずむたいせい）
ドイツのヒトラー，イタリアのムッソリーニを典型例として，共産主義を排撃し，独裁制・国粋主義を採ることで民主主義を圧殺した。

夜警国家（やけいこっか）
国家は，国防・警察という最小限の責務（私有財産の保護）を負うべきという考え。

福祉国家（ふくしこっか）
夜警国家論を批判し，国家の役割を国民全員に少なくとも最低限度までは福祉（社会保障）を行き届かせるべきという考え。

貯蓄の逆説（ちょちくのぎゃくせつ）
個人の節約行為が，経済全体の所得減少という見えにくいチャンネルを通じて，窮乏化を招き，意図した結果が得られないこと。

合成の誤謬（ごうせいのごびゅう）
部分で正しいことが全体で正しくなるとは限らないこと。

中央銀行（ちゅうおうぎんこう）
銀行券を発行し，民間銀行と取引し，政府と取引する公共的な銀行。公定歩合（基準貸付利率）・公開市場操作・準備金などの

手段で金融政策を実行する。

ホワイト案（ほわいとあん）
各国の中央銀行を連合させるケインズ案に対して，アメリカのホワイト案は為替安定を目指した基金案とした。IMF（国際通貨基金）の原案となる。

IMF-GATT 体制（あいえむえふ-がっとたいせい）
第二次世界大戦後，ブレトンウッズ体制（IMF と国際復興開発銀行）に加えて，GATT（関税および貿易に関する一般協定）を組み合わせ，通貨に関する協調と自由貿易の推進を担った。

ウィーン体制（うぃーんたいせい）
1815〜48年のヨーロッパの政治体制。フランス革命以前の状態を正統と見なし，各国の勢力均衡に基づいて，自由主義とナショナリズムを圧殺した。

第13章

ネップ（ねっぷ）
新経済政策（1921〜28年）。戦時共産主義が破棄され，ソビエト政府による私的経営

（利潤動機）を加味した経済活性化策。

五カ年計画（ごかねんけいかく）
ソ連における大規模な2回にわたる経済計画（1928〜32；1933〜37年）で，重工業化や農業集団化など大きな成果を上げた。中国にも同様の計画があった。

第14章

覇権国（はけんこく）
経済・政治・軍事面で圧倒的な力を持った国。スペイン・オランダ・イギリス・アメリカなど。

プラグマティズム（ぷらぐまてぃずむ）
行動の結果（事後）によって，思考の意味（事前）の善し悪しを判定する考え。19世紀末のアメリカで生まれた。実用主義。

優生学（ゆうせいがく）
氏より育ち（家柄・身分よりも環境・教育を）ではなく，遺伝子情報に基づいて人類の改良を狙う学問。社会改革を指向する余り，有害と認定した遺伝子を排除する差別・虐殺に繋がることもありうる。

経済学編

第1章

ビッグデータ時代（びっぐでーたじだい）
大量・多様・高速を特徴するデジタル・データ時代。

モデル（もでる）
複雑な現実を「ある観点」から大胆に単純化して本質をつかむ理論・雛形。

機械学習（きかいがくしゅう）
人工知能の働きの一種で，大量データから

そのパターンを発見し，分類や予測を行う。

ランダム化比較試験（らんだむかひかくしけん）
一方に治療や政策を施す（介入する）グループ，他方に介入しないグループに集団をランダムに分け，両者の比較によって介入の効果を確かめる実験方法。

複雑系（ふくざつけい）
生命・気象・経済など，部分と全体が互いに影響しあって，一方から他方を推測でき

ないほど，複雑な動きを見せるシステム。フラクタルやカオスが代表例。

オイコノミア（おいこのみあ）
オイコス（家計）とノモス（法）を合成したギリシア語。経済（家計管理に似せて，経済全体を制御する）の語源となる。

経世済民（けいせいさいみん）
中国の古典に見える経済の東洋的語源。世を治め，民を救う。経国済民とも。

異次元金融緩和（いじげんきんゆうかんわ）
日本銀行が2013年4月から実施した前例のない金融政策。通常，金融緩和は公定歩合を下げ，民間の利子率を低め誘導することで投資の活性化を狙う。この政策はマイナス金利まで実施して，消費者物価指数の2％越を狙ったが，実現していない。

産業連関表（さんぎょうれんかんひょう）
産業別に，どのように生産され販売されたかを記述する表。ある産業から経済全体への波及効果を図れる。レオンチェフによる発明で，国民経済計算の基礎となっている。

中立命題（ちゅうりつめいだい）
バローがリカードに着想を得た。人々が長期的に合理的な行動をするならば，政府支出の調達は，租税でも公債でも同一効果を持つ。

外部性（がいぶせい）
ある経済現象が市場を通さずに，他に影響を与えてしまうこと。良い影響（発明）と悪い影響（環境汚染）がある。

方法論（ほうほうろん）
学問の内容そのものではなく，学問の手続き・考え方などを整理した考え。

メタレベル（めたれべる）
鳥の目で眺める，一歩下がって再考すると

いう具合に，ある対象の内部からではなく，外から（次元を変えて）考察すること。

歴史叙述論（れきしじょじゅつろん）
どのように歴史を適切に語るかという方法論。

厚生（こうせい）
ウェルフェア（福祉）の訳。人々の心の良き状態。社会全体の幸福度。

第2章

機会費用（きかいひよう）
収益が望めるある選択をした場合，断念した残りの選択肢による収益（の最大値）も費用と見なす考え。経済学特有の考えであり，実現した費用（会計学）とは異なり，予想が混入する。

リスク・プレミアム（りすくぷれみあむ）
危険資産（儲けも大きいが損失も大きい）と安全資産（確実な利回り保証）を比べた場合の，両者の利回りの差。リスクを負えば，見返りが期待できる報酬となる。

第3章

複式簿記（ふくしきぼき）
取引を単に記録するだけでなく，モノとカネの増減を同時に左右の表に記録する方式（借方と貸方）。現金の収支（フロー）のみならず，資産の増減（ストック）も同時に把握できる。バランスシート（貸借対照表）を作る前提。

信用創造（しんようそうぞう）
銀行が最初に受け入れた預金の一部を貸し出すことによって，手持ちの現金よりもずっと多くの預金通貨を生み出すせる機能。

株式会社（かぶしきかいしゃ）
株式発行によって，ひろく一般から資金を調達する組織。株主は持ち分に応じて会社の所有権を握るだけでなく，配当（利益の還元）やキャピタルゲイン（買値と売値の差額による資産の儲け）という形で利益を得る。

経済人（けいざいじん）
ホモエコノミカスの訳語。小説『ロビンソン・クルーソー』の主人公のように，資源（お金と時間）を合理的に配分して，自己目的の最適化を図る存在。合理的経済主体とも呼ぶ。

第4章

貿易差額主義（ぼうえきさがくしゅぎ）
重商主義の一種で，金塊ではなく，貿易差額（＝輸出−輸入）を重視する考え。特定の二国間の収支のみに注目するか，一国の多角的な決済すべてに注目するか，どちらかの立場がある。

貨幣数量説（かへいすうりょうせつ）
貨幣量（マネーサプライ）と物価の関係を示す学説。長期的な命題（貨幣量が増加した比率だけ，物価もそのまま増加する）では貨幣の中立性が主張されるが（貨幣は雇用や生産量などに影響を与えない），短期的な命題では，その移行過程における貨幣の攪乱的な影響が論じられる。

正貨の自動調整機能（せいかのじどうちょうせいきのう）
正貨とは兌換紙幣や金貨銀貨である。貿易収支が赤字の場合，正貨そのものが外国に流出する。貨幣数量説を仮定すれば，これは物価の下落を招く。ゆえに輸出が有利になり，輸入が不利になる。最後に貿易収支が改善する。このように金本位制（正貨）は貿易収支を自動的に調整する。

自然の成り行き（しぜんのなりゆき）
スミスにおいては「なすに任せよ」（自由放任）というよりは，自然法思想（現実の社会より上位に，普遍的なルールが存在する）に立脚する秩序観がある。

第5章

スコットランド啓蒙（すこっとらんどけいもう）
啓蒙思想は17〜18世紀にヨーロッパ全域に広がった。伝統や権威から解放，理性の使用，普遍的進歩などを公衆に促す運動である。そのうちスコットランドでは特に，商業文明における富と徳の両立について論じられた。

GDP（じーでぃーぴー）
国内総生産。ある期間，ある地域で生じた付加価値の合計。

特化（とっか）
得意な分野・産業に集中して人員や資本を投入すること。

拡大再生産（かくだいさいせいさん）
経済の営みでは，生産→分配→消費 という一連の活動が「再生産」として綿々と続いていく。その規模がずっと一定の場合を単純再生産（ケネーやワルラス），拡大していく場合を拡大再生産と呼ぶ（剰余が発生している）。

自然価格（しぜんかかく）
スミスにおいては，「あらゆる商品の価格が，常にそこに向かって引きつけられていく中心価格」（『国富論』第1編第7章）と

なる。

労働価値説（ろうどうかちせつ）
商品の価値を定める際に，労働の役割を最大限に重視する説。資本や土地，時間や複雑な生産をどのように考慮するかで，様々な異説がある。

見えざる手（みえざるて）
『国富論』では1度しか用いられていない表現だが，スミス思想を端的に示すもの。自由放任主義と曲解されたり，価格の需給調整機能に拡大解釈されたりする。

第6章

保護関税（ほごかんぜい）
国内産業を外国との競争から守るための関税。

地金（じがね）
別名じきん。貨幣の材料となる金や銀。

収穫逓減（しゅうかくていげん）
特定の生産要素（生産に使用される資本・労働・土地・技術）に関して，追加的に等分に増やした場合，追加的に得られる産出量が次第に減っていくこと。費用は逓増している。

真正手形主義（しんせいてがたしゅぎ）
銀行の信用供与（貨幣の供給）は，実際の商取引に基づいて振り出された手形に限定すべきという主張。実物と貨幣の世界を乖離させない工夫。

通貨学派（つうかがくは）
銀行券の発行を，正貨準備（地金の保有量）に厳密に限るべきとする主張。ピール銀行条例（1844年）の立場。

銀行学派（ぎんこうがくは）
銀行券の発行は民間需要に反応して事後的に決まるに過ぎないから，規制は不可能であり，銀行の自由裁量を指向した。

労働投入係数（ろうどうとうにゅうけいすう）
生産一単位当たりに必要な労働量。

第7章

販路説（はんろせつ）
貨幣は単なる媒介だから最終的な取得目標ではないことを前提に，ある生産物を売るためには，他の生産物を十分に供給すれば良いとする考え。セー法則。

賃金基金説（ちんぎんききんせつ）
農業社会を念頭におきつつ，賃金に向かう基金が固定されていれば，それを人口で割った率が賃金として自動的に定まるという説。産児制限論や労働組合無用論の根拠ともなった。

定常状態（ていじょうじょうたい）
同一の生産・消費が繰り返される状態。

利潤シェア（りじゅんしぇあ）
生産による利潤を資本家だけでなく，労働者にも（所定の賃金を超えて）分け与えること。

第8章

社会経済学（しゃかいけいざいがく）
1830年代以降に出現したとされる思想で，労働者の生活実態調査を通じて，社会の有機的な連携を説く。

一般的供給過剰（いっぱんてききょうきゅうかじょう）
部分的・一時的にモノが売れ残るのではなく，全体的・長期的にも売れ残ってしまう事態。

市場の梗塞（しじょうのこうそく）
老朽化した血管の中で血流が滞るように，市場に滑らかな動きが欠けていれば，大きな不均衡（需給の不一致）が発生する。

方法論争（ほうほうろんそう）
理論家メンガーと歴史家シュモラーの間で闘わされた経済学の方法をめぐる論争。抽象モデルか個別事象か，など。

第9章

唯物史観（ゆいぶつしかん）
史的唯物論。物質の生産が思想・制度などすべての社会の発展を決定するという歴史観。

消費者主権（しょうひしゃしゅけん）
生産や消費を決める究極的な権限は消費者にあるという説。企業の力が強くても，企業の所有者である株主が統制できるという想定がある。

物神性（ぶっしんせい）
元々は人間が生み出したモノ・カネが，資本主義社会においては逆に人間そのものを支配する神に成り上がっていること。

再生産表式（さいせいさんひょうしき）
社会全体の総資本がどのように再生産されるかを例解したマルクスの式。生産と消費の二部門で，それぞれ3つの価値（生産手段＋賃金＋剰余価値）に分かれ，単純再生産などの条件が明らかになる。

世界システム論（せかいしすてむろん）
ウォーラーステインによる近代社会の理解方法。専門化の進んだ考えの中で，世界を社会や国家という単位で分析するのではなく，資本主義社会全体（中核〜半周辺〜周辺）として統一的に把握すること。

市民社会（しみんしゃかい）
封建制度から解放され，近代にあって自由と平等を獲得した自立的個人による民主的社会。仮説的な概念。

第10章

斉一性（せいいつせい）
自然現象は何らかの秩序によって，同じ条件では同様の現象が繰り返されるという状態。ヒュームが自然の一様性を想定した。

太陽黒点説（たいようこくてんせつ）
太陽黒点の活動変動によって，景気循環を説明する学説。

生産要素（せいさんようそ）
何かを生産する時に必要な要素。土地・資本・労働。

帰属（きぞく）
メンガーによれば，消費財の価値（効用）は，時間を遡って，その生産に用いられた要素に割り当てられる（帰属する）。

第11章

余剰分析（よじょうぶんせき）
ある量に対応する価格について，需要（供給）曲線上の点と市場価格の差を，市場に参加することで得られる利益と見なす。この部分を市場で取引される量まですべて足すと参加者全員の余剰が出る。これを消費者（生産者）余剰と呼ぶ。

弾力性（だんりょくせい）
ある財の価格が微少に変化した時，需要や供給がどれほど変化するかを百分率で示したもの。

代替と補完（だいたいとほかん）
カシスオレンジとカンパリオレンジ，麦焼

酎と芋焼酎など，どちらでも効用が同じ財を代替財と呼ぶ。ビールとつまみ，右の靴と左の靴など，揃って使われる財を補完財と呼ぶ。

マーシャルの k（まーしゃるのけい）
貨幣数量説の一種で，個人の資産選択の側面を表す。個人は所得の一定割合（k）を現金で保有する。

相互需要曲線（そうごじゅようきょくせん）
オファー曲線。貿易相手国の生産物に対するある国の需要を相互需要と呼び，両国の相互需要曲線が交わる場所で交易条件（相対価格）が決まる。

代表的企業（だいひょうてききぎょう）
ある産業において典型的な費用や組織の構造を持つ企業。ある程度，存続していて，外部経済と内部経済の利益を同等に得ている企業。

外部経済（がいぶけいざい）
マーシャルの用語では，産業全体の規模拡大が個々の企業に与える利益。転じて，市場を通さないプラスの効果。

マーシャル＝ラーナーの安定条件（まーしゃる＝らーなーのあんていじょうけん）
二国間の貿易が為替の変動によって安定するための条件。輸出入の価格弾力性の和が1より小さい。

第12章

市場の失敗（しじょうのしっぱい）
外部性・公共財・不確実性・収穫逓増など，効率的な資源配分をもたらす市場機能の前提が満たされていない事態。政府による補正が必要となる。

有効需要の原理（ゆうこうじゅようのげんり）
経済全体の雇用・所得は有効需要の大きさ（消費＋投資＋政府支出）によって決定される理論。

賃金の下方硬直性（ちんぎんのかほうこうちょくせい）
価格が伸縮性を失えば，需給バランスに貢献しない。賃金の場合，特に現状から下がりにくい。ある一定以下では生存できないという「公正な感覚」を慣習や法律が支えているためである。

乗数（じょうすう）
初期投資は数倍の所得を結果的に増やすが，その倍数にあたる値。

流動性プレミアム（りゅうどうせいぷれみあむ）
どのくらいの利回りを上乗せすれば，すぐに現金化できない資産を選ぶかという程度。

消費性向（しょうひせいこう）
所得のうち，どれほど消費に回すかという割合。微小な消費増加で考える場合は，限界消費性向と呼ぶ。

マネタリスト（まねたりすと）
ケインジアンに対抗する勢力で，「貨幣は（攪乱要因として）重要である」という学派。フリードマンを総帥とする。

合理的期待形成学派（ごうりてききたいけいせいがくは）
物価予想を例に挙げると，2％という固定予想（現在のみ）でも，過去の平均％から算定した適応的予想（過去から現在）でもなく，現在，入手しうるすべての情報を用いて予想を形成する（ゆえに全変化を事前に予測する）と主張する学派。

ルーカス批判（るーかすひはん）
ルーカスによれば，経済に参加する人々が今までの経済法則（マクロ現象）を熟知していると，それを組み込んだ行動（ミクロ的合理性）が可能なため，結果的に経済政策が無効になる場合もある。

リスク（りすく）
ナイトによる分類で，様々な発生する場合分けが明らかで，その確率分布も判明している場合。

不確実性（ふかくじつせい）
リスクとは対照的に，事象の確率分布が存在しない場合。

歴史的時間（れきしてきじかん）
論理的時間の対。ジョーン・ロビンソンの用語で，一回限り，繰り返せない，かけがえのない生における時間。

第13章

リバタリアン（りばたりあん）
自由至上主義者。どんな犠牲を払っても自由（自己決定権）を最大限に優先する者。

新結合（しんけつごう）
シュンペーターの用語。創造的破壊。イノベーション。

自生的秩序（じせいてきちつじょ）
ハイエクの用語。言語・貨幣・市場のように，人々が意図しなくてもある程度の秩序が形成されてきた制度・慣習。

第14章

IS-LM分析（あいえす-えるえむぶんせき）
ヒックスとハンセンによるケインズ『一般理論』の解釈。財市場と貨幣市場を考察し，それぞれ利子率と所得を変数とする2本の方程式の解によって，不完全雇用均衡および政策の有用性を示した。

寡占（かせん）
独占と自由競争の間。市場を占有する企業（または消費者）が数社しか存在せず，互いの行動を組み込んで生産（消費）活動を行う。

R&D（あーるあんどでぃー）
企業の基礎研究とその応用 research & development。

厚生経済学の基本定理（こうせいけいざいがくのきほんていり）
①自由競争の均衡は効率的な配分を達成する，②どんな効率的な配分も，適切な再分配政策を行えば，市場で達成できる。いずれも厳密な条件が必要だが，市場機能の利益を説明する。

顕示選好（けんじせんこう）
消費者が選択した数値のみから，その好み（内面）を推測する理論。サミュエルソンの発明。

フィリップス曲線（ふぃりっぷすきょくせん）
失業率が低いと貨幣賃金率が上昇しているという経験則。失業対策の代償として，インフレを甘受すると受け止められた。

オークンの法則（おーくんのほうそく）
オーカンとも呼ぶ。失業率が1％下がると，実質GDPは約3％上がるという経験則。

適応的期待（てきおうてききたい）
物価などの予想が，現実と予想のギャップを計算した上で常に修正させる方法。

ナッシュ均衡（なっしゅきんこう）
すべての参加者が，自分の利得が最大にな

るような最適戦略を選択している状態。

モラルハザード（もらるはざーど）
保険をかけることで，加入者の行動が変更
してしまう（注意散漫になるなど）事態。

逆選択（ぎゃくせんたく）
情報に偏りがある状況で，リスクに見合っ
た最適の商品（例：中古車や保険）を提供
できないことから，良い商品が淘汰されて
しまう事態。

シグナリング（しぐなりんぐ）
情報に非対称性がある場合，ある情報・シ
グナル（例：学歴）を代理として発するこ
とで，売り買いが進む状況。

プリンシパル〜エージェント問題（ぷりん
しぱる〜えーじぇんともんだい）
取引関係をプリンシパル（依頼人）とエー
ジェント（代理人）に分けた時，両者の情
報格差がもたらす問題。

M＆A（えむあんどえい）
合併および買収。

ブラック＝ショールズ方程式（ぶらっく＝
しょーるずほうていしき）
金融派生商品における理論的な価格決定式
（偏微分）。金融工学という新しい分野と実
務を広げた。

進化経済学（しんかいけいざいがく）
知識や制度が変化していく過程に焦点を当
て，生物学における進化の比喩を用い，経
済に応用した分野。

現代貨幣理論（げんだいかへいりろん）
政策が完全雇用に寄与しているかどうかの
基準から，赤字財政を容認する立場。銀行
学派やラーナーの立場を継ぐ。

メゾ（めぞ）
ミクロとマクロの間にある中間項目。社会

と個人と対比される共同体など。

行動経済学（こうどうけいざいがく）
実際に観察される行動を軸に，理論とのギ
ャップがなぜ起こるか，認識の歪みをただ
す仕掛けは何かを考える学問。

実験経済学（じっけんけいざいがく）
教室の実験，社会的実験など，経済理論が
実際にどのように観察されるかを検証する
学問。

機械学習（きかいがくしゅう）
大量のデータから特徴を自動的に分類し，
正解と付き合わせることでさらに良いアル
ゴリズムを学習して，正確な予測を目指す
AI（人工知能）の働き。

第15章

潜在能力（せんざいのうりょく）
財・サービスが持つ特性を利用して，達成
可能となる様々な行為。センの用語。

社会的共通資本（しゃかいてききょうつう
しほん）
宇沢弘文の言葉。魅力ある人間生活の基盤
となる自然環境・インフラ・制度。人類共
通の財産。

マーケットデザイン（まーけっとでざい
ん）
望ましい配分が実現するように社会制度を
作ろうとする実用的な学問。

フラクタル（ふらくたる）
自然界の複雑な形状を，相似形パターンを
持つ図形で表現すること。

スルツキー分解（するつきーぶんかい）
価格の変化に伴う需要の変化は，所得効果
と代替効果に分解できる。

レオンチェフ型生産関数（れおんちぇふが
たせいさんかんすう）　　完全に補完財である二要素において，原点
に凸のL字型関数となる。

人名索引

（n は脚注を示す）

事 項 索 引

(用語集も参照のこと；n は脚注を示す)

209

《著者紹介》

小峯　敦（こみね・あつし）

1965年　生まれ。
1994年　一橋大学大学院経済学研究科博士課程修了。
2011年　博士（経済学，一橋大学）。
現　在　龍谷大学経済学部教授。
主　著　『福祉の経済思想家たち　増補改訂版』（編著）ナカニシヤ出版，2010年。
　　　　『経済思想のなかの貧困・福祉』（編著）ミネルヴァ書房，2011年。
　　　　『創設期の厚生経済学と福祉国家』（西沢保と共編著）ミネルヴァ書房，2013年。
　　　　Keynes and his Contemporaries, Routledge, 2014.
　　　　『戦争と平和の経済思想』（編著）晃洋書房，2020年。
　　　　『テキストマイニングから読み解く経済学史』（編著）ナカニシヤ出版，2021年。
　　　　ほか多数。

MINERVA スタートアップ経済学③

経済学史

2021年6月1日　初版第1刷発行	〈検印省略〉
2022年9月1日　初版第2刷発行	

定価はカバーに
表示しています

著　者　　小　峯　　　敦

発行者　　杉　田　啓　三

印刷者　　江　戸　孝　典

発行所　株式会社　ミネルヴァ書房

607-8494 京都市山科区日ノ岡堤谷町1
電話代表 075-581-5191
振替口座 01020-0-8076

© 小峯敦，2021　　　　　共同印刷工業・藤沢製本

ISBN978-4-623-09083-9

Printed in Japan

MINERVA スタートアップ経済学

体裁　Ａ５判・美装カバー

──────── ミネルヴァ書房 ────────

https://www.minervashobo.co.jp